竹村亞希子＝編

「易経」一日一言

人生の大則を知る

致知出版社

まえがき

『易経《えききょう》』は、占筮《せんぜい》の書として発展した書物ですが、古代中国の君主がこぞって学んだ帝王学の書でもあります。

その理由は、「君子占わず」。この書物をよく学んだならば、占わずして時の変化の兆《きざ》しを察する洞察力、直観力を身につけることができるからです。

占筮の書であるだけに、時の変化を見抜くことに特化して、「時と兆しの専門書」ともいうべき書物なのです。昨今の世界経済の動向をみても、これからの時代は、より一層、変化を読み取り、対応する術を見出すための学問が必須と思います。

私は『易経』の一愛読者、研究者であり、学者ではありませんが、この偉大な智慧《ちえ》を少しでも多くの方にお伝えしたいと思い、執筆をお引き受けしました。

『「易経」一日一言』の原稿に取り掛かるのに、先ずは三百六十六種類の言葉のピックアップを始めましたが、初っ端から、ここで躓《つまず》きました。膨大な『易経』の言葉は、饒舌《じょうぜつ》でなく、削りに削られた無駄のない示唆《しさ》と警告、含蓄に富んだ文章です。取捨選択ができないで困りました。

また解説を進めていくのにも、ついつい詳しく説明したくなり、数行でまとめるのに苦労しましたが、新たな気持で『易経』を学ぶ、よい機会になりました。文言伝《ぶんげんでん》や繋辞伝《けいじでん》では、改めてその名文に酔いしれて、至福の時を得ることができました。

「そうだ！『「易経」一日一言』だ！」

致知出版社藤尾秀昭社長が突然眼を輝かせたのは、平成十九年五月、半年セミナー「人生に生かす易経の知恵」第五講を終えたあとの夕食の席でのこと。

それから出版までに二年近くが経ってしまいました。実は、当時、すでに新しい企画が待っていたのです。日経eブック「江守徹の朗読で楽しむ易経入門」、私が解説する声のデジタル出版です。致知セミナーに全力投球するため、猶予《ゆうよ》をもらっていたのでした。

結局、本書の出版を一年、待っていただくことになりました。日経eブックは予想以上に反響を呼び、好評をいただきました。第二弾まで出版したあと、再び猶予をいただき、ようやく本書の執筆に専念しました。

もっと早く書き終えたかったのですが、毎月のセミナーや講演出張などに加えて、中国最古の古典であるがゆえ、難解とされている『易経』を、短文でわかり易く解説するのに手まどり、予定よりも遥かに遅れてしまいました。

それにも関わらず忍耐強くお待ちくださった藤尾社長をはじめ柳澤専務、編集部の番園さんに心から感謝を申し上げます。

いつも励ましてくださるNHK文化センター『易経』講座や東京セミナー、札幌セミナーの受講生の皆さん、好意的に半年の猶予をくださった日経eブック担当者のお二人、昨年三十周年を迎えた我が社のスタッフたち、そして応援や協力、アドバイスをしてくださった多くの方々にこの場を借りてお礼申し上げます。

本当にありがとうございました。

『「易経」一日一言』は読者の皆さまが『易経』に興味を持たれるためのきっかけ作りとして書かせていただきました。ご自分で『易経』本文を熟読玩味《がんみ》されて『易経』の魅力と出会ってくだされば、解説者冥利《みょうり》につきます。巻末には本書を読み進めていく上で補助となる基礎知識をまとめていますので、ご参照ください。

最後に、拙著『人生に生かす易経』に対して各方面からいただきましたご感想やご批評にこの場を借りてお礼を申し上げ、本書の力及ばぬ解説にも、ふたたびご批評、ご叱正を賜れば幸せこの上ありません。

竹村　亞希子

平成二十一年二月

1月

天地の道は、恒久《こうきゅう》にして已《や》まざるなり。

1日 元亨利貞《げんこうりてい》

乾《けん》は元《おお》いに亨《とお》りて貞《ただ》しきに利《よ》ろし。

（乾為天《けんいてん》）

「乾《けん》」は偉大なる天の働きであり、天道を司る根元をいう。

「元《げん》」は物事の始まり、元旦の元である。ここを初めとして万物が生じる。

「亨《こう》」は通る、通じる。生じた万物が育っていくということ。

「利《り》」は収穫、実り。万物が育っていけば、必ず実りがある。

「貞《てい》」は正しい。実りが正しいものであれば、それは堅く守られていく。

「元亨利貞」は、乾の働きに従って正しく行うならば万事順調に進むことを教えている。これは易経の教えの根幹である。

また、これはそれぞれ春夏秋冬にあてられる。春に生じたものが、夏に大きく育つ。秋に豊作となり、実る。実ったものが固くなって、やがて落ちて大地に還元される。

この無窮《むきゅう》に繰り返す変化の原理原則が「元亨利貞」。これを「常態」といい、物事の成就の道を示している。一方、原理原則に外れるものは「変態」であり、中途挫折の道となる。「元亨利貞」は、原理原則に従う大切さを教えているのである。

2日　すべては「仁《じん》」に始まる

元《げん》は善の長《ちょう》なり。君子は仁《じん》を体《たい》すればもって人に長《ちょう》たるに足《た》り。（文言伝《ぶんげんでん》）

「元《げん》」は万物の始まり。善の最たるものである。春夏秋冬にあてはめると「春」。すべてが始まり、芽吹いていく時期である。人間の道徳にあてはめると「仁《じん》」。慈しむ心こそが善の長たるものである。

思いやり、慈しみをもって育てる。そこには私心がなく、何も見返りを求めようとしない。これを仁愛の精神という。

仁を体得してはじめて人々を導く者、「人に長たる者」となれる。

3日　調和の要《かなめ》となる「礼《れい》」

亨《こう》は嘉《か》の会《かい》なり。会《かい》を嘉《か》すればもって礼《れい》に合《あ》うに足り。（文言伝《ぶんげんでん》）

「亨《こう》」は大いに伸びること。季節でいえば百花草木が勢いよく生長する「夏」。また、「嘉《か》」は悦び、「会《かい》」は集まる。

人や物事が集まり、豊かに伸び栄えていく。皆が悦ぶように物事を進めれば、個と全体がうまく調和し、社会が治まっていく。

「礼」というと礼儀作法が頭に浮ぶが、それは小さな解釈。大きくは社会をまとめる情理・筋道、具体的には法律・秩序・制度などを表す言葉である。

4日「義《ぎ》」が「利《り》」を生む

利《り》は義《ぎ》の和《わ》なり。物を利《り》すればもって義《ぎ》を和するに足り。（文言伝《ぶんげんでん》）

「利《り》」は実りの時。春夏秋冬では「秋」。「利」には刀で刈る、利益などの意味もあるように、秋の刈り入れは実だけを収穫し、あとのものは切り捨ててしまう。

これは私情・私欲を厳しく断ち切って宜《よろ》しき実りを得ることを指す。人間の道徳にあてはめれば「義」である。

易経の教える「利」とは、「義」が人間社会の和を保って行われることをいっている。

5日 物事の根幹《こんかん》にある「知《ち》」

貞《てい》は事《こと》の幹《かん》なり。貞固《ていこ》なればもって事《こと》に幹《かん》たるに足る。（文言伝《ぶんげんでん》）

「貞《てい》」は堅固、成就《じょうじゅ》などの意味がある。季節では「冬」。土壌の滋養《じよう》する時で、内面が充実していく時期。人の道徳でいうと「知」。知恵、知識は物事の根幹になる。

始まり（元）、成長（亨）、実り（利）、成就（貞）の循環が万物に通じる易経の「四徳」で、これが「常態」。この道を踏み外し、一足飛びに進もうとすると必ず中途で挫折することになる。

6日 天は尊《たか》く、地は卑《ひく》く

天は尊《たか》く、地は卑《ひく》くして乾坤《けんこん》定まる。
(繋辞上伝《けいじじょうでん》)

易経は宇宙の情態を象《かたど》って作られている。天は地の上にあって高く、地は天の下に低くあって天の気を受け、万物を養う。この天地のあり方から乾坤の根本が定まる。「乾《けん》」は「天」、陰陽の「陽」であり、能動的な性質を持つ。「坤《こん》」は「地」、陰陽の「陰」にあたり、受動的な性質を持つ。

この根本に従い、高くあるもの、低くあるものがそれぞれの働きを全《まっと》うすれば、宇宙のみならず、人間社会も安定してくる。

7日 大地の力

坤《こん》は厚くして物を載《の》せ、徳は无疆《むきょう》に合《あ》い、含弘光大《がんこうこうだい》にして、品物《ひんぶつ》ことごとく亨《とお》る。
(坤為地《こんいち》)

「坤《こん》」は「地」を表し、陰陽の「陰」を表す。「无疆《むきょう》」の「无《む》」は無、「疆《きょう》」は境の古字で境界のないこと。陰の象徴である大地はありとあらゆるものを「无疆《むきょう》」に載せて、受容し、育成し、蓄える。生命も物も一つひとつ豊かに形成して伸びていく。

陰の力は限りなく広大であり、どんなものでも受け入れて生かし、育てていくパワーを持っている。

8日　一陰一陽《いちいんいちよう》

一陰一陽《いちいんいちよう》これを道と謂《い》う。（繫辞上伝《けいじじょうでん》）

陰陽は互いに相反し対立しながら、助け合う。そして混ざり合おうとして交わりながら、螺旋《らせん》状に大きく循環して発展成長する道を造る。

陰陽は天と地、男と女、進と退というように、対立する二つの性質に分かれ、たがいに反発しながらも交じり合おうとする。

易経の思想では、この陰陽作用による弁証法的働きを道といい、膨大なるエネルギーを発し、万象を生み出す源としている。

夏と冬は対立しながら、その力を消長、転化させ、四季は巡る。

冬が極まれば、春が訪れ、夏へと向かい、夏が極まれば秋が来てまた冬へと向かう。春夏秋冬が巡ることで生み出されるものは数限りない。

身近な例に喩《たと》えれば、学びの時代は陰。その学んだものを社会に発揮することは陽である。夜に休んで英気を養うのは陰。そして翌朝、力強く爽《さわ》やかに目覚めることは陽にあたる。

私たちの人生も、一陰一陽の作用の中で営まれている。

9日　言《げん》は意《い》を尽《つ》くさず

書《しょ》は言《げん》を尽《つ》くさず、言は意《い》を尽くさずと。

（繋辞上伝《けいじじょうでん》）

言葉で言い表したいことを書物にすべて書き尽くすことはできない。また、言葉は心で動き感じることをすべて言い尽くすことができない。

そこで易経は、言い表したいことを残らず網羅するために、事象を象《かたど》る「象《しょう》」と、時と処《ところ》と位を示す「六十四卦《か》」と、それを解説する言葉「辞《じ》」によって、あらゆる変化とその奥義を表そうとしているのである。

10日　思い半《なか》ばに過《す》ぐ

知者その彖辞《たんじ》を観《み》れば、思い半《なか》ばに過ぎん。

（繋辞下伝《けいじかでん》）

「彖辞《たんじ》」とは易経六十四卦《か》の最初に記される言葉。

吉凶存亡の道理を知った者ならば、物事の始まりを観ただけで、その大半を把握するだろう、といっている。

何かのきっかけ、誰かにいわれた一言で、「そういうことか」と腑《ふ》に落ちることがある。易経には、そうした一言で感応《かんのう》を呼び起こすような辞が記されている。

11日 易経《えききょう》の用い方

易《えき》の書たるや遠《とお》ざくべからず。

（繫辞下伝《けいじかでん》）

変化の法則性を説く易経は日常に用いる書である。時は常に変化し、物事は日々変わっていく。その日常の中で、毎日少しずつ読むことが大切である。すると、自分に関係ないことは一つも書かれていないことに気づく。

自分自身や世間の出来事とすり合わせて易経を読むことで、変化の原理を洞察する力が鍛えられる。そして何よりも、教えを実践してみることで効力を実感できる。

12日 奥義《おうぎ》を知る

その言曲《つぶさ》にして中《あた》り、その事肆《つらな》りて隠《かく》る。

（繫辞下伝《けいじかでん》）

易経の言葉は原理原則の幹から多様に伸びる枝のようである。そこに書かれていることは状況の変化に応じるため紆余曲折《うよきょくせつ》するが、内容は的を射ている。また、あれこれと物事をいい表しているが、その裏には奥義が隠れている。

現象の裏側に潜《ひそ》む真理に気づき、正しい選択をし、よりよき人生を生きるための羅針盤とすることに易経を読む意味がある。

13日　恒《こう》久《きゅう》

天地の道は、恒久《こうきゅう》にして已《や》まざるなり。（雷風恒《らいふうこう》）

天地の道は永遠に続いてやまない。「恒久《こうきゅう》」とは、いく久しく永遠に変わらないという意味。しかし止まって動かないわけではなく、一日が朝昼晩と変化し、一年が春夏秋冬と巡るように、常に変化発展していく。

ただし、その順序が変わらないように、変化の中にも久しく継続して変わらないものがある。人間の生き方も同様で、時代を経ても決して変わらない根本がある。

14日　天地の交《まじ》わり

天地交《まじ》わりて万物通ずるなり。上下交《まじ》わりてその志同じきなり。（地天泰《ちてんたい》）

天の気と地の気が交わって地上の万物が生まれ、上下が交わって意志が通じる。

天地が交わる、上下が交わるとは、陰陽が交わること。陰陽が交わらなければ、この世の何ものも生育することはない。

男と女が交わって子供が生まれる。会社組織であれば、経営者と部下の志が一つになって大事業が成り立っていく。

地天泰《ちてんたい》は天下泰平《てんかたいへい》の時を表すめでたい卦。

15日　父は父たり、子は子たり

父は父たり、子は子たり、兄は兄たり、弟は弟たり、夫《おっと》は夫たり、婦《つま》は婦たり、しかして家道《かどう》正し。（風火家人《ふうかかじん》）

家庭が円満であるためには、親子、兄弟、夫婦が各々の持ち場を守ることである。父は父らしく、子は子らしく、兄は兄らしく、弟は弟らしく、夫は夫らしく、妻は妻らしくあるのがよい。

すべての存在には区別役割がある。「父の役割とは」「子の役割とは」と自らに問いかけて、家族一人ひとりがその役割を果たすことで、家が定まり調和する。

16日　家を斉《ととの》える

家を正しくして天下定まる。（風火家人《ふうかかじん》）

すべての物事は、内から外に及ぶ。家庭を正しく治めたならば、それが社会全体に波及していく。家庭生活のあり方が天下国家に反映するのである。

家を安らかにするには、自分の心を安らかにして身を修めることが第一。家を安らかにして、一家が和やかに睦《むつ》み合い、譲り合えば、その気風や美風が天下に満ち満ちていく。

これは四書五経の『大学』八条目にも反映されている考え方である。

17日　修《しゅう》業《ぎょう》

君子は徳に進み業《ぎょう》を修む。（文言伝《ぶんげんでん》）

「徳」とは、善き人格や善き行いのための要件となるもの。自分がどうあるべきなのか、どういう振る舞いをしなければならないのかを指し示し、自分の質を向上させるものである。

また、この質にも、人間的な質、技術的な質、企業としての質などいろいろあるが、日々、志した「質」の向上を目指して自分の一日の仕事を修めることが大切である。それを「修業」という。

18日　修《しゅう》辞《じ》

辞《じ》を修《おさ》めその誠を立つるは、業《ぎょう》に居《お》るゆえんなり。（文言伝《ぶんげんでん》）

誠実に思いを伝えられるのは、自分の業にしっかり身を置いているからである。

「修辞」は饒舌《じょうぜつ》に飾り表現された言葉という意味ではなく、本来、「簡潔明瞭で力強い言葉」、効果的で分かりやすく、適切で説得力のある、生きて伝わる言葉をいう。

特に、上に立つ者はこの「修辞」＝「伝える技術」を身につけなければならない。「黙っていてもわかってくれる」と考えるのは怠慢である。

19日　公に立って行う ①

同人野《どうじんや》においてす。亨《とお》る。（天火同人《てんかどうじん》）

「同人《どうじん》」は同人誌の「同人」の語源で、心を一つにし、多数が協力すること。それにより、一つの大きな志を達成できる。

「野《や》」には多くの意味がある。「朝野《ちょうや》」といえば朝廷・政府と民間。他にも、野原、隠し立てのない公の場、日常から遠く離れた場所、世界の果て、などの意味がある。

志を成し遂げるため、人と協同して行おうとする時は、自分の日常領域から出て、公平の場である「野《や》」に立たなければならないと教える言葉である。

20日　公に立って行う ②

同人宗《そう》においてす。吝《りん》なり。（天火同人《てんかどうじん》）

人と志を同じくして協力し合い、一つの物事をなすためには、公の場に立って行わなくてはいけない。

公でオープンな場ではなく、身びいきや、同族以外を顧みない偏狭《へんきょう》な姿勢で行えば、決して物事をなし遂げることはできない。

「宗《そう》」は親戚、身内、同族であり、私的で親密な関係の集まりをいう。

同族会社が失敗する要因は、まさにこの「同人宗においてす」で、身内ばかりを遇する偏狭さにあるといえるだろう。

21日 質素倹約の努力

二簋《にき》をもって享《まつ》るべし。（山沢損《さんたくそん》）

損する時は、収入が少なく支出が多いために困窮する。そういう時にどうするべきなのかを教える言葉。

「簋《き》」とは祭祀《さいし》の器。通常、八つ用いるがこれを二つに減らして供物を捧げる。つまり、最も大切な供物を減らすほどの質素倹約に努めて時を待て、というわけである。

「損して得を取れ」というが、損をしたり削減をするのは、後に自らの利益になると山沢損《さんたくそん》の卦《か》は教えている。

22日 分限《ぶんげん》を守る

拠《よ》るべきところにあらずして拠《よ》るときは、身必ず危うし。（繋辞下伝《けいじかでん》）

「拠《よ》るべきところ」とは、自分の分限にあった地位・立場・行動などをいう。

そういう分限を守らず、分不相応な地位や名誉を手にしたとしても、重責に耐えられず、恥辱を受けて苦しむことになる。

自分の分限《ぶんげん》を大きく外せば、必ず身が危うくなる。地位や名誉を失うだけでなく、時に生命にも関わると強く戒めている言葉である。

23日 豊かな時代にこそ

萃《すい》は亨《とお》る。王有廟《おうゆうびょう》に仮《いた》る。（沢地萃《たくちすい》）

「萃《すい》」は「集まる」。人が集まるところには物が集まるから、富んで盛んな時を表す。「王有廟《おうゆうびょう》に仮《いた》る」とは、王が先祖の霊を祀《まつ》る祭祀《さいし》を行う。人心を集め、一心に願い、気を中心に集めるために行うものである。

人や物が集まると、欲心も集まり、奪い合いなどの争いが起こる。また、豊かで富んだ時代は感謝の心を忘れ、人々は志を見失う。豊かな時代こそ、気を集めて正し、引き締めて、志を立てることが大切である。

24日 市《し》井《せい》

往来井《おうらいせい》を井とす。（水風井《すいふうせい》）

井戸のまわりには、貧富や地位階級の別に関係なく、あらゆる人々が往来する。旅人も、動物も、等しく冷たく新鮮な水の恩沢を受けにやって来る。

庶民の社会を表す「市井《しせい》」という言葉がある。これは古来、清く澄んだ井戸水のあるところに人が往来し、集まり、市が立ち、村ができたことから生まれた言葉である。

水風井《すいふうせい》の卦《か》が表す井の徳は、移り動かず、常に一定の清い水を湛《たた》える日用の徳。人を選ばず、万人に用いる徳を表している。

25日 信じる力

水は流れて盈《み》たず、険《けん》を行きてその信《しん》を失わざるなり。（坎為水《かんいすい》）

水の性質は流れるところがあれば流れ、常に動いて止まることがない。岩にぶつかろうが、険しくとも流れ、状況がどうであれ、その本質を失うことがない。

坎為水《かんいすい》の卦《か》は険難《けんなん》が度重なる時、その険難から脱する術を説く。

どんな困難の中にあろうとも、必ず脱することができると信じる力、状況を真に受け入れて前に進もうとする力が「水」の本質、「信」である。

26日 中孚《ちゅうふ》

中孚《ちゅうふ》は、豚魚《とんぎょ》にして吉《きつ》なり。（風沢中孚《ふうたくちゅうふ》）

「中孚《ちゅうふ》」とは、心の中心、真心に誠実さが満ちあふれていること。

「孚」は爪と子からなり、親鳥が卵を抱きかかえているという字。親鳥は卵を爪で傷つけないよう、静かに動かしながら温める。その誠心誠意の気持ちが孚である。

このような誠心誠意の真心は、人々だけでなく、豚や魚にまで通じるほど大きなものであるという。

また卵は期日を違えず孵化《ふか》することから、「信ずる」という意味もある。

27日 牝牛《ひんぎゅう》を畜《やしな》う

牝牛《ひんぎゅう》を畜《やしな》えば吉《きつ》なり。（離為火《りいか》）

離為火《りいか》の「離」は「離れる」の意だが、「付く」という意味もある。火は何かに付いて燃え上がり、光を発して輝く。人も何かに付き随うことで能力を発揮する。

「離」には仕事に「就く」という意味もあり、人間関係全般に関わる。

「牝牛」は柔順の徳の象徴。角が己の側に湾曲《わんきょく》していることから、自分を客観的に省みることに喩《たと》えられる。尖って攻撃的な人は付き合いにくいから、内省し「牝牛を畜う」ことは処世の基本ともいえる。

28日 武人大君《ぶじんたいくん》となる

眇《すがめ》にして能《よ》く視《み》るとし、跛《あしなえ》にして能《よ》く履《ふ》むとす。虎の尾を履めば人を咥《くら》う。凶なり。武人大君《ぶじんたいくん》となる。（天沢履《てんたくり》）

洞察力も推進力も未熟なのに、力があると思い込み、危険な道を恐いものなしで無謀に進む。その結果、虎の尾を力任せに踏み、ガブリと食われてしまう。凶である。武人が大君になるのと同様、無理がある。

「虎」は先人の喩《たと》え。「武人」は野心と力があり、一旦は地位と名誉を勝ち得るが、謙虚な気持ちがなく、礼節を弁《わきま》えないために虎に食われ、やがて身を破滅させる。

29日　悦《よろこ》んで艱難《かんなん》を進む

説《よろこ》びてもって民に先立つときは、民その労を忘れ、説びをもって難《なん》を犯《おか》すときは、民その死を忘る。（兌為沢《だいたく》）

兌為沢《だいたく》の卦《か》は悦《よろこ》ぶ、悦ばせる時を説く。ここで教える悦びは、表面的な悦びでなく、本来的な悦びである。

上に立つ者が自ら悦んで骨折り仕事をして民を率《ひき》いれば、民は労苦を忘れる。同様にして艱難にあたれば、民は困難のために命を投げ出すことも顧《かえり》みない。

甲斐のある労苦や死は、雄々しく臨むという悦びに転化するものである。

30日　順天応人《じゅんてんおうじん》

天地革《あらた》まって四時成《しいじな》り、湯武命《とうぶめい》を革《あらた》めて、天に順《したが》い人に応ず。革《かく》の時大《ときおお》いなるかな。（沢火革《たくかかく》）

天地の気が変革して四季がなる。夏《か》王朝を滅ぼして殷《いん》王朝を開いた湯王《とうおう》、殷王朝を滅ぼして周《しゅう》王朝を開いた武王《ぶおう》の革命も天意に違《たが》わない道であり、民衆の苦しみに応えたものであった。

革命には大義名分が必要である。それが、「順天応人」。私欲や私怨ではなく、天に従い、民の願いに応えるような革命・改革は偉大なものである。

31日 易《えき》の三義《さんぎ》

「易《えき》」は一字で変易《へんえき》・不易《ふえき》・易簡《いかん》の三つの意味を持つ。これを「易の三義」という。

「変易」——森羅万象、すべて一時たりとも変化しないものはない。

「不易」——変化には必ず一定の不変の法則性がある。

「易簡」——その変化の法則性を我々人間が理解さえすれば、天下の事象も知りやすく、分かりやすく、人生に応用するのが簡単である。

宇宙は刻々と変化してやまない。時は巡りめぐって一時たりとも止まず、すべての物事は変化し続ける。ゆえに「変易」である。

また、森羅万象は刻々と変化するが、そこには必ず一定不変の法則がある。一日は朝・昼・晩、一年は春・夏・秋・冬と順序を違えずに巡る。ゆえに「不易」である。

「易簡」は「簡易」ともいわれる。易《やさ》しくてシンプルで簡単という意味である。

すべてのものは変わる、そしてその変わり方には一定不変の法則があって、その法則は変わらない。その法則を素直に見て、素直にわかろうとしたら、とても易しく、私たちの人生にも容易に応用できるのである。

2月

それ易《えき》は聖人の深きを極めて
幾《き》を研《みが》くゆえんなり。

1日　幾《き》を研《みが》く

それ易《えき》は聖人の深きを極めて幾《き》を研《みが》くゆえんなり。ただ深きなり、故《ゆえ》によく天下の志に通ず。ただ幾《き》なり、故《ゆえ》によく天下の務《つとめ》を成す。ただ神なり、故《ゆえ》に疾《と》からずして速《すみ》やかに、行かずして至る。　（繋辞上伝《けいじじょうでん》）

易経は、聖人が物事を明らかにするために、時の変化を微細な粉末にすり砕くほどに深く研究して極め、「幾《き》」兆《きざ》しを察する能力を養うための書物である。

　物事の深きを極め、洞察力を養うことで、人々が向かうところ、社会が望んでいることは何かを知る。そして、自らが志すべきは何かを知り得るのである。

　「幾」を知ることは、物事の機微、兆しを見ただけで、声なき声を聞き、見えないものを読み取ることである。それゆえ社会に役立つ務めをなすことができるのである。

　さらに、易経の神妙なる働きを学び深めることで、物事の前兆をいちはやく察し、些細な問題が発展して大事故や組織の崩壊などを招く前に、焦らず速やかに、行動を促されずとも対処する能力を体得するのである。

　こういうわけで、易経には、古来、リーダーが身につけるべき能力が記されている。

2日　時に任せる

日往けばすなわち月来たり、月往けば、即ち日来たり、日月《じつげつ》相《あい》推《お》して明《めい》生ず。（繫辞下伝《けいじかでん》）

太陽が没すれば月が昇り、月が往けば日が昇るように、日月は入れ替わり立ち替わりして推移する。日月は共に感応し、共に推進して地上に明をもたらす。

ともすれば人間は思慮を巡らせて物事を進めようとするが、頭で考えることよりも、自然の時に任せて推進するほうが大きく運行していくものである。

3日　原因を探る

往《おう》を彰《あきら》かにして来《らい》を察《さっ》し、顕《けん》を微《び》にして幽《ゆう》を闡《ひら》く。（繫辞下伝《けいじかでん》）

「往《おう》」は過ぎ去った時。

「顕《けん》」は顕著に現れている現在の状況。

「微《び》」は現在の状況を作った微細な要因。

「幽《ゆう》」は眼に見えない物事の根本。

過去を明らかにし、現在を把握し、それをもとに未来を察知する。今、眼にしている現象も、微小な原因から育ったものである。原因を知れば、現象の裏側にある根本が見え、そして、将来の有り様を察することもできるようになる。

4日　初筮《しょぜい》は告《つ》ぐ

初筮《しょぜい》は告《つ》ぐ。再三《さいさん》すれば瀆《けが》る。瀆《けが》るれば告《つ》げず。貞《ただ》しきに利《よ》ろし。（山水蒙《さんすいもう》）

山水蒙《さんすいもう》は啓蒙《けいもう》を教える卦《か》。学ぶ姿勢を占筮《せんぜい》（易占い）に喩《たと》えている。

占いで最初に出た答えが気に入らないからといって、二度三度と占えば答えは乱れ、正しく告げることはない。

学ぶことも同じく、自分の気に入った教えしか受け入れなければ何も学ぶことはできず、進歩もない。

5日　万物のたどる六つの段階

大いに終始を明らかにし、六位《りくい》時に成る。（乾為天《けんいてん》）

天道は常に始まりと終わりを明らかにする。朝には日が昇るし、夕べには没する。四季は春に始まり、冬に終わる。

「六位《りくい》」とは、始めから終わりまでに経ていく六段階のこと。たとえば、物事の修養過程で見れば、立志、修養、修業、独創、達成、衰退という六段階を経ることになる。

易経六十四卦《か》は、それぞれ終始の過程をこの六段階に分け、その時点で何をなすべきかを説明している。

6日 程良い節《ふし》を設ける

天地は節《せつ》ありて四時《しいじ》成る。（水沢節《すいたくせつ》）

「節《せつ》」は竹の節《ふし》である。固い節目で一区切りつけて止まり、次の節目に至るまでは伸びる。竹は節があるから真っ直ぐに伸び、強い風にも耐えられるのである。

四季の巡りにも、程良い節がある。節分といえば春であるが、立夏、立秋、立冬も季節の変わり目、節目にあたる。四季は節を設けて巡り、万物は成長する。

人間も物事も節を設けることで成長する。適度な節を設けなければ、人も物事も途中で折れてしまう。

7日 万物に陰陽がある

動静常《どうせいつね》ありて、剛柔断《ごうじゅうさだ》まる。（繋辞上伝《けいじじょうでん》）

天では日月星辰《じつげつせいしん》が動き、地は静止して動かない。天は陽差しを注ぎ、雨を降らせ、地はそれを受けて万物を育成する。

「剛」は陽、「柔」は陰に配当される。このように易経は、天と地の性質をもとにして、万象《ばんしょう》を陰陽に判別するものである。

8日 固定観念を捨てる

剛柔《ごうじゅう》相易《あいか》わり、典要《てんよう》となすべからず、ただ変《へん》の適《ゆ》くところのままなり。（繫辞下伝《けいじかでん》）

「剛柔《ごうじゅう》」は陰陽。「典要《てんよう》」は常なる約束事、常の規則。

陰陽は常一定でなく、時に転化するものである。ある時は良いとされるものが、ある時は悪いとされる。

だから物事の変化動向を正しく見極めるには、まず一度、良し悪しの固定観念を捨てて、混沌《こんとん》とした変化をそのまま見つめることが大切なのである。

9日 方向性を見極める

方《ほう》は類《るい》をもって聚《あつ》まり、物は群《むれ》をもって分かれて、吉凶《きっきょう》生ず。（繫辞上伝《けいじじょうでん》）

「方《ほう》」は方向性。物事には必ず性質、方向性がある。同じ方向に進むものは同類が集まり、種類に分かれて群をなす。事象は方と群であらわれ、そのあり方によって吉凶も生じる。これが変化の原理、原則。

たとえば、良い品物をつくりたいという会社には、同じ志を持った人、良い品づくりのための物が集まってくる。このように、どういう方向性を持つ群かと事象を観察するならば、吉凶は自明の理である。

10日 産みの苦しみ

屯《ちゅん》は剛柔《ごうじゅう》始めて交わりて難《なん》生ず。険中《けんちゅう》に動く。（水雷屯《すいらいちゅん》）

新しい事を起こすときは、必ず上と下の意見の食い違いなど、困難が生じる。しかし、これは産みの苦しみというもので、こういう接触の難が生じてこそ、物事が動き、発展し、成就するのである。

大きな事業やプロジェクトを進める時に困難が生じるのは当たり前。産みの苦しみにへこたれず、大いに奮闘すべきである。

11日 争いを防ぐ

天と水と違《たが》い行くは訟《しょう》なり。（天水訟《てんすいしょう》）

天は上にあり、水は下へと流れ、向かう方向が異なる。人と人の関係でも、意向が違えば必ず争いが起こる。「天」は剛強、「水」は険阻《けんそ》を表すが、一方が強い性格で一方が険しい性格であれば、争いが起こりやすい。

剛強な相手には強くあたらず、柔軟に対応する術を考えなければならない。人間関係で訴訟になる場合の多くは未熟さからであり、できるかぎり防ぐべきだと易経はいう。

12日 漸進《ぜんしん》する

漸《ぜん》の進むや、女《じょ》の帰《とつ》ぐに吉《きつ》なり。進んで位《くらい》を得、往《ゆ》きて功《こう》あるなり。（風山漸《ふうざんぜん》）

「漸《ぜん》」は、段階を経て、順序正しく段々に進んでいくこと。女性が嫁ぐ時は、このように進むのがよい。足踏みしているかのように見えて、休まずゆっくりと着実に進んで行けば功績があるといっている。

風山漸《ふうざんぜん》の卦《か》は、苗木が大木に育つような、ゆっくりとした進み方を勧めている。大地にしっかり根を張り、結果を焦らず着実に一枝一枝、生長することによって大木となる。これは人間にもあてはまる。

13日 自然体

无妄《むぼう》は元《おお》いに亨《とお》り貞《ただ》しきに利《よ》ろし。それ正《せい》にあらざるときは眚《わざわい》あり。（天雷无妄《てんらいむぼう》）

「无妄《むぼう》」の「无」は「無」の古字。「妄」は妄《みだ》り、望み。つまり、妄りでなく、また望みも欲もない。そこから「无妄」には自然体・無作為、流れのままという意味がある。

人為的なことはすべて「眚《わざわい》」禍であり、それは「无妄の正」にあたらない。

天雷无妄《てんらいむぼう》の卦《か》が教えているのは、よけいなことをしなくても、人間は自然に養われるということである。

14日 人欲《じんよく》を省《はぶ》く

无妄《むぼう》の往《ゆ》くはいずくにか之《ゆ》かん。天命祐《たす》けず、行かんや。
(天雷无妄《てんらいむぼう》)

「天命祐《たす》けず、行かんや」とは、人間はすでに無為の自然に養われているから、无妄《むぼう》(自然な流れ)を外れて人欲に走っても天は助けない、という意味。

自然に則して生きるとは、自分の願望を追うことでない。人間は何かしなければ生きていけないと思っているが、むしろ、ほとんどの望みや欲を省くことで、最も大切なことを得ると説いているのである。

15日 教思無窮《きょうしむきゅう》

君子もって教思《きょうし》すること窮《きわ》まりなく、民を容《い》れ保《やす》んずること疆《かぎ》りなし。
(地沢臨《ちたくりん》)

「教思無窮《きょうしむきゅう》」とは、上の者が下の者を養い育てること。「教思」は教え導き、深く思いやる。「無窮」は限りなく受け入れ導く。

人を育てるには、これだけ教えればいいだろう、これだけ思いやればいいだろうと限界を決めずに、度量深く受け容れ、繰り返し教え高めなくてはならない、と教えている。

地沢臨《ちたくりん》の「臨」は臨む、高いところから低いところを見ること。

16日 己を捨てる

官渝《かんかわ》ることあり。貞《てい》なれば吉《きつ》なり。

（沢雷随《たくらいずい》）

「官渝《かんかわ》る」とは上位にいた者が下位に降りて職業が変わる、立場が変わること。立場を変えるべき時に随《したが》い、自ら下位に下る。沢雷随《たくらいずい》の「随」には、したがう、しなう、の意味がある。「しなう」とは柔軟に身を屈することで、「死ぬ」と同義語である。

しっかりと自分を持ち、その上で己を捨てる。地位や立場、功績を捨てて、一旦死ぬ気で力を抑える。そのくらい変化に対応して時に随えば、その意義は大きい。

17日 労謙《ろうけん》す

労謙《ろうけん》す。君子終わりありて吉《きつ》なり。

（地山謙《ちざんけん》）

「労謙《ろうけん》す」とは謙虚に労する。功労があっても誇らず、自分の地位や身分が高くなっても謙虚さを終わりまで全うすること。

人は満ち足りれば、ほとんどの場合、慢心する。謙虚さを全《まっと》うすることは、なかなかできない。

謙虚に生きることは、いわば自分との戦いである。これでいいと満足せずに、向上し続ける姿勢である。

18日　感応《かんのう》する

二《に》気《き》感応《かんのう》してもって相与《あいくみ》するなり。（沢山咸《たくさんかん》）

沢山咸《たくさんかん》の卦《か》の「咸」は「感」の古字《こじ》。祝詞《のりと》を収めた器の口を鍼で封じて、神の感応を待つところから、感通・感動・感覚・感化・感触・感和の意味が生じた。

「二気《にき》」とは陰と陽の氣。二気が交感して万物は形成される。恋愛、結婚も二気の交感である。もともと質が違い、反発し合う二気であればこそ、感応し合い、相与《あいくみ》するのである。

19日　勢いは正しく用いる

大壮《たいそう》は、貞《ただ》しきに利《よ》ろし。彖《たん》に曰《いわ》く、大壮《たいそう》は、大《だい》なる者壮《さか》んなるなり。（雷天大壮《らいてんたいそう》）

「大壮《たいそう》」とは大いに壮《さか》んな時。積極的に物事を推し進めようとする陽の力が働く時。この勢いをコントロールするのは非常に難しい。勢いがつき過ぎると大抵の人は道を過つ。バブルの時代はまさに「大壮」の時であった。

「貞《ただ》しきに利《よ》ろし」とは、正しく固くなければ、よくないということ。勢いが壮んな時こそ堅固に貞節を守れと教えている。

20日 速やかな補修

大過は棟撓《むなぎたわ》む。　（沢風大過《たくふうたいか》）

大いに過ぎると棟が撓《たわ》むとは、建物の内部が余りにも重く、それに対して屋根や柱が貧弱なために建物が撓んでしまうことをいう。組織構造に喩《たと》えるならば、中間層の勢力が強力で、それに比して上層と下層の力が脆弱《ぜいじゃく》なため、物事を動かそうとすると組織が倒壊しかねない非常時である。

撓んだ組織は一度壊して建て直すのではなく、速やかに改修すべきである。家の修復のように細やかに徐々に補強して形勢を整えよ、と易経は教えている。

21日 不正な悦ばせ方

引きて兌《よろこ》ぶ。　（兌為沢《だいたく》）

兌為沢《だいたく》の卦《か》が示す、悦ぶ、悦ばせることにも、正と不正があると説く。「引きて兌《よろこ》ぶ」とは、小人の不正なる悦ばせ方である。

高い地位にある者が、取り巻きを作ろうと、言葉巧みに悦ばせようとする。若い社員を集めて、自らの昔の成功談を語り、自慢することもその一例である。その姿は志の低さそのものである。

自戒して、慎むべきである。

22日　信賞必罰《しんしょうひつばつ》

噬嗑《ぜいごう》は亨《とお》る。獄を用うるに利《よ》ろし。（火雷噬嗑《からいぜいごう》）

「噬嗑《ぜいごう》」とは噛《か》み砕く。邪魔なものを顎《あご》で噛み砕くことで物事が通るという意味がある。刑罰を明らかにし、法令を整えて「獄を用いる」。信賞必罰《しんしょうひつばつ》は必要である。

とくに地位ある者が罪を犯すと、隠蔽《いんぺい》して逃れ得る場合もある。しかし、いくら過去に功績があっても見逃さず、悪いことをしたら罰を与えなくてはいけない。

牢獄に入れ、しっかりと噛み砕くように裁き、問題を解決すべきである。

23日　柔順を貫く

内《うち》文明にして外《そと》柔順、もって大難を蒙《こうむ》る。文王《ぶんのう》これをもってせり。（地火明夷《ちかめいい》）

地火明夷《ちかめいい》の卦《か》は、明をくらます時を説く。正しい行いを貫こうとすれば迫害に遭うような時である。

周《しゅう》の文王《ぶんのう》は大いなる徳を持つがために大きな禍《わざわい》を蒙《こうむ》った。酒池肉林《しゅちにくりん》で知られる殷の紂王《ちゅうおう》によって幽閉されたのである。

しかし、文王は明徳を内に隠し、争おうとせず、艱難《かんなん》の時に逆らわずに柔順を貫いた。そして後に逃れ得て、殷を倒したのである。

24日 匕鬯《ひちょう》を喪《うしな》わず

震《しん》は百里を驚かせども、匕鬯《ひちょう》を喪《うしな》わず。(震為雷《しんいらい》)

「震《しん》」は雷、突発して起こる変動を意味する。「匕鬯《ひちょう》」の「匕」は神霊に供物《くもつ》を奉ずる匙《さじ》、「鬯」は儀式に使う香りのよい酒。どちらも重大なもの、大切なものを表す。

雷は遠くても稲妻が光り雷鳴が響くが、大切な祭祀《さいし》の儀式の最中であれば、君主は祭器と酒を放り出して逃げたりしない。

突発的な事が起こっても、パニックに陥って大事なものを投げ出さず、状況をよく見て冷静に判断することを教える言葉。

25日 王道を往く

憂うるなかれ。日中に宜《よろ》しとは、宜《よろ》しく天下を照らすべしとなり。(雷火豊《らいかほう》)

雷火豊《らいかほう》の卦《か》は勢い豊かな時を説く。豊かな時に衰時を考えることは明知である。しかし、いたずらに憂いてはならない。

「日中に宜《よろ》し」とは、陰で動いたり謀《はかりごと》を働いたりせずに、日の下に明らかにすること。天下のすべてを明るく照らすことは、王の王たるものが到達できる王道である。

すべてを成し遂げながら、地位の衰退や謀反を憂いて不明を働き、滅びた王は多い。そうならないように、という教訓である。

26日　陰の徳

牝馬《ひんば》の貞《てい》に利《よ》ろし。牝馬《ひんば》は地の類、地を行くこと疆《かぎり》なし。（坤為地《こんいち》）

陰陽の徳を象徴する生き物のうち、陽は天を翔《かけ》る龍により表される。それに対して、地を行く牝馬は陰の徳である「従順」の象徴となる。牝馬は牡馬よりずっと従順である。

「貞《てい》に利《よ》ろし」とは従うべき時は正しく、堅く徹底的に従うこと。そうすることで限りない力が発揮できる。見せかけの面従《めんじゅう》腹背《ふくはい》や、強い者に諂《へつら》うことは陰の徳ではない。

27日　黄裳《こうしょう》、元吉《げんきつ》なり

黄裳《こうしょう》、元吉《げんきつ》なり。象《しょう》に曰く、黄裳元吉なりとは、文中に在ればなり。（坤為地《こんいち》）

「黄」は古代中国で王位を表す色。「裳」は下着、下履きの意味。王は本来、黄色の衣を上着として着るが、裳を下着としてつけている。これは、人の上位に立たないことの喩《たと》え。王が陰徳を自ら生み出し、民衆を主に置くならば、国は栄える。

「文中」の「文」は権威、誠実、才覚などを意味する。このような王は、「文」を用いて「中」その時に適った行いをし、中庸《ちゅうよう》を得ているという意味である。

28日 時《じ》中《ちゅう》

「時中《じちゅう》」とは時に中《あた》る。時の的を射ることをいう。「中」は中庸《ちゅうよう》の中である。

ここでいう「時」とは、時間だけでなく、空間、環境も包含している。春に種を蒔《ま》くように、最も適切な当たり前の行動・対処をすることが大切なのである。

とはいえ、混迷した時に何が最も適切かを判断するのは至難の業である。常に変化する時の的を鋭く射ることは容易ではない。しかし、どんな時でも、必ず「時中」がある。それを見極め、時に趣く——この精神が易経の本懐である。

29日 共時性《きょうじせい》

「共時性《きょうじせい》」とは心理学者のC・G・ユングが提唱した「共時性原理」のことである。心で感じ思ったことと、外部との出来事とが、あたかも因果関係があるかのように共振共鳴して意味をなすことをいう。

すべての物事は深層でつながり、互いに連動しているとユングは仮説を立てた。実はユングは易経に学び、この考え方を提唱したのである。

共時性は偶然の一致として神秘主義と見られる面があるが、ユングは「共時性は偶然性でなく規則性である」としている。

3月

君子もって事を作《な》すに始めを謀《はか》る。

1日　栄枯盛衰《えいこせいすい》の道理

易《い》なればすなわち知り易《やす》く、簡《かん》なればすなわち従い易《やす》し。（繋辞上伝《けいじじょうでん》）

「易《えき》」とは変化を意味する。易経の思想は陰陽説を根本として、すべての事象は春夏秋冬、日月の巡りの自然の摂理にしたがって変化するとしている。

　これをもとに歴史、政治、経済、組織、個人の人生に至るまで、あらゆる事象に通ずる栄枯盛衰の変化の道理を説く。

　易《やさ》しく知りやすい、簡略な原理原則である。誰もが日常に用いて、従い行うことができる教えである。

2日　窮《きわ》まれば変《へん》ず

易は窮《きわ》まれば変《へん》ず。変ずれば通《つう》ず。通ずれば久《ひさ》し。（繋辞下伝《けいじかでん》）

　陰が極まれば陽になり、陽が極まれば陰に変化する。冬が極まれば夏へ、夏が極まれば冬へ向かう。

　同様に、物事は行き詰まることがない。窮《きわ》まれば必ず変じて化する。変化したら必ず新しい発展がある。それが幾久《いくひさ》しく通じて行って、それがまた生々流転《せいせいるてん》する。

　「通ず」とは成長を意味する。新たな変化なくして成長発展はない。易が最も尊ぶのは新たな変化である。

3日　東北には朋《とも》を喪《うしな》う

西南には朋《とも》を得《う》、東北には朋《とも》を喪《うしな》うに利《よ》ろし。西南には朋《とも》を得《う》とは、すなわち類と行《ゆ》けばなり。東北には朋《とも》を喪《うしな》うとは、すなわち終《つい》に慶《よろこ》びあるなり。（坤為地《こんいち》）

西南とは温かい、柔和な人間関係を表し、陰陽の「陰」を意味する。東北は「陽」を表し、厳しさ、緊張感ある関係を表している。

「東北には朋《とも》を喪《うしな》う」を喩《たと》えるならば、女性が嫁いで親しい家族や友人と離れ、自分が親しんだ環境や関係を断ち切って、夫に従い、その家に入るようなことをいう。

女性に限らず、新しい環境に身を投じる場合には、過去を一旦空っぽにして、真《ま》っ新《さら》な気持ちで飛び込まないと、決して学ぶことはできない。

また親しい者でいつまでも徒党を組んでいてはいけない。

慣れ親しんだ環境に決別するのは辛いことだが、ぬるま湯のような環境にいても人間は育たない。

そういう環境を断ち切ることで、結果的には、周囲の人も自分も喜びを得ると教えているのである。

4日　性命《せいめい》を正しくす

おのおの性命《せいめい》を正しくし、大和《だいわ》を保合《ほうごう》するは、すなわち利貞《りてい》なり。（乾為天《けんいてん》）

天道の働きに養われ、生きとし生けるものはそれぞれ、生まれながら持っているもの（性）と、天から授けられた天の働きと同じ力（命）を活かして、物事を成就《じょうじゅ》する。「大和を保合する」とは、大きな調和を失わないこと。個々がそれぞれに、男子たらんと、母たらんと、教師たらんと自分に与えられた天賦・職分を果たす。これこそ正しく宜しい道であり、それが世の調和を保つのである。

5日　庸言庸行《ようげんようこう》

庸言《ようげん》これ信《しん》にし、庸行《ようこう》これ謹《つつし》み（文言伝《ぶんげんでん》）

「庸《よう》」は中庸《ちゅうよう》の庸であり、「常」の意味。日常の言葉に嘘や飾りがなく誠実であり、日常の行いは時に適ったものであるかどうかと見極める。

「謹《つつし》み」とは「畏《かしこ》まり、縮《ちぢ》こまる」ことではなく、「すべき時にすべき事をする」こと。その見極めに緊張感を持ってあたる、という意味である。

シンプルなようで、なかなかできることではないが、このような態度で日常を送ることが大切である。

6日　進退存亡《しんたいそんぼう》を知る

それただ聖人か。進退存亡を知って、その正《せい》を失わざる者は、それただ聖人か。（文言伝《ぶんげんでん》）

人は隆盛を極めると必ず驕慢《きょうまん》になり、道を過《あやま》つ。栄枯盛衰を繰り返してきた史実を見ても、終わりまで全うする人は少なく、大多数が後悔を免れない。

進めば必ず退くべき時があり、存する者は亡ぶことがあると正しく弁《わきま》えるのは聖人だけだろうか。

進退存亡を知ることの難しさを戒《いまし》めた言葉である。人間は、過去や歴史から学ばなくてはならない。

7日　始めが肝心《かんじん》

君子もって事を作《な》すに始めを謀《はか》る。（天水訟《てんすいしょう》）

何か事を為す場合に、すぐれた人は後に争いが起こらないように、最初によく考えてから計画する。

物事には始めに兆《きざ》しがある。後になってトラブルになり訴えるような場合でも、その物事が始まった時点で、すでにトラブルの素因が内包されていることが多い。

天水訟《てんすいしょう》の卦《か》は、争い事で訴える側に立った場合、たとえ勝ったとしても損害を被る、と教える。

8日 経《けい》綸《りん》

君子もって経綸《けいりん》す。（水雷屯《すいらいちゅん》）

「経綸《けいりん》」は、国家の秩序をととのえ、治めること。「経」は織物の機《はた》を織る縦糸で、横糸は緯。「綸」は、機を織っていく最初に糸をピンと張って整えること。

国づくりだけでなく、起業にしても、新生の時は混乱する。治め整えるためには、まずは縦糸となる大綱《たいこう》、大よその枠組みを決めなくてはいけない。

それから、横糸を細目にわたって織って整えていく。これこそシステムづくりの原点である。

9日 危ぶむ者、易《あなど》る者

危ぶむ者は平《たい》らかならしめ、易《あなど》る者は傾《かたむ》かしむ。（繋辞下伝《けいじかでん》）

常に危ぶみ、懼《おそ》れ、自分を省みている者は国や組織を泰平《たいへい》に保ち、物事を安易に考え、侮《あなど》る者は保てない。

伝承では、周《しゅう》の文王《ぶんのう》が殷《いん》の暴君紂王《ちゅうおう》によって牢獄に囚われた際、易経の多くの辞《じ》を加筆したとされている。栄枯盛衰の情理を経験し、辛酸《しんさん》をなめた文王は、戒《いまし》めと恐懼《きょうく》の言葉を多く記したのである。

この言葉も、そうした戒めの一つである。

10日　君子《くんし》と小人《しょうじん》

君子《くんし》は道長《ちょう》じ、小人《しょうじん》は道消《しょう》するなり。
（地天泰《ちてんたい》）

世の中の秩序や経済がよりよく保たれている時は、人徳を備えた人が重要な位置について力を発揮する。私利私欲を考える小人は遠ざけられるため、人々は段々と徳を身につけるように感化されていく。

逆に世の中が乱れている時は、小人が重要な位置を占めているものだ。

この地天泰《ちてんたい》の卦《か》は天下泰平の時を説いている。

11日　立場をわきまえる

陰の陽に疑わしきときは必ず戦う。
（文言伝《ぶんげんでん》）

臣下が強大な勢力を持ち、あたかも自分が君主（陽）のような振る舞いをすれば、必ず戦いが起きる。

下の者が上から物をいえば、上の者の逆《げき》鱗《りん》にふれる。従の立場の者が主であると勘違いすると戦いの種になる。

陽と陰では強さの質が違う。陰の陽に勝るところは、加重にも軽々と耐え、徹底的に従い、慈愛をもって受容する精神である。そのことを忘れてはいけない。

12日 族《ぞく》を類《るい》し物《もの》を弁《べん》ず

族《ぞく》を類《るい》し物《もの》を弁《べん》ず。（天火同人《てんかどうじん》）

「族」は一族。立場・身分・能力は違っても、同じ志を持つ同類をいう。一致協力する時は、志すものが異なっていては成し得ない。

天火同人《てんかどうじん》は、人と協同して同じ志を達成する道を説く卦《か》だが、とはいえ同人は何もかも同じという意味ではない。

人物をよく見分け、弁《わきま》えて、同志を集めることが肝心と教えているのである。

13日 天地の位

天地の位を設けて、聖人能《のう》を成《な》す。（繋辞下伝《けいじかでん》）

古《いにしえ》の優れた人物は、天地の働きを明らかにし、陰陽を定め、変化の理を世に用いた。

天の運行によって、地に雨や陽射しが注ぎ、万物を育てていく。この働きを常道とし、物事の判断基準を定めたのである。

14日　険《けん》を見て能《よ》く止まる

険《けん》を見て能《よ》く止まる、知《ち》なる哉《かな》。(水山蹇《すいざんけん》)

水山蹇《すいざんけん》の卦《か》は六十四卦の中でも四大難卦《なんか》の一つであり、険難《けんなん》を表している。「蹇」は寒くて足が凍え、前に進めないこと。加えて険しい雪山に道を阻《はば》まれる。すでに苦しみの渦中にあって平常心を失っているところに、さらに道が閉ざされる状況である。

この険難を見極めて止まることは、優れた知恵である。苦しみの中に止まるには、よほど腹を据《す》えなければならない。しかし、一旦腹を据えてしまえば、見えなかった脱出の道が見えてくるものである。

15日　止まるという行動

時《とき》止まるべければすなわち止まり、時《とき》行くべければすなわち行き、動静その時を失わず、その道光明なり。(艮為山《ごんいさん》)

止まるべき時には止まる。行くべき時であれば、躊躇なく進む。「動静その時を失わず」動くにしても動かないにしても時を得ていれば、「その道光明なり」道は明るい、と教えている。

止まることは停滞ではない。「止まる」という行為・行動である。進むべき時に進むために、止まるべき時には止まる。その決断が大切である。

16日 君子は幾《き》を見て作《た》つ

君子は幾《き》を見て作《た》ち、日を終うるを俟《ま》たず。
（繫辞下伝《けいじかでん》）

兆《きざ》しがどんな結果を教えているかを知る者は、それを見てすぐさま行動し、一日と置かずに処理することができる。

このままでは危ういと感じてもすぐに行動せず、そのままやり過ごして大きな禍《わざわい》に至る事例は少なくない。兆しを察したら素早く行動せよ、と易経は教えている。

17日 幾《き》は動《どう》の微《び》

幾《き》は動《どう》の微《び》にして、吉凶《きっきょう》の先ず《ま》見《あらわ》るるものなり。
（繫辞下伝《けいじかでん》）

「幾《き》」とは物事が変化する兆《きざ》し。兆しとは物事が動く前の機微であり、現象に先んじて吉凶の分かれ目が現れるものをいう。

物事が動き、変化する前には、必ずそれを報《しら》せる兆候《ちょうこう》がある。

機微を知るのは、超能力ではない。努力精進して研《みが》かれた洞察力と直観力によるものである。

18日 進退を弁《わきま》える

往《ゆ》く所なければ、それ来《きた》り復《かえ》って吉《きつ》なり。往《ゆ》くところあり、夙《はや》くするときは吉《きつ》なり。（雷水解《らいすいかい》）

　まだ進む術《すべ》がはっきりしないならば、無理をしないで時期を待つこと。しかし、問題解決のためにできることがあるならば、急いで行って処理せよ。時を観て、油断せずに進退を弁《わきま》えた動きが求められている。

　雷水解《らいすいかい》の「解」は雪解け、困難が解決することを意味する。何も解決の術《すべ》がなかった問題が、ようやく解決に向けて動き出す時である。

19日 介《かい》　石《せき》

介《かた》きこと石《いし》の干《ごと》し。日を終《お》えず。貞《てい》にして吉《きつ》なり。（雷地豫《らいちよ》）

「介」は限界の界、境。「介《かた》きこと石《いし》の干《ごと》し」とは、物事の区切りをつけること。楽しむべき時は楽しむが、悦び楽しみに溺れない。交際においても馴れ合わない。

　そして出処進退など、今なすべきであると察したなら、一日を終わるまで待たずに行動する。正しい道を堅固に守る姿勢が、吉をもたらすと教えている。

　中華民国の初代総統・蒋介石の名はこの一文から命名したといわれる。

20日　丘園《きゅうえん》に賁《かざ》る

丘園《きゅうえん》に賁《かざ》る。束帛戔戔《そくはくせんせん》たり。吝《りん》なれども終《つい》には吉《きつ》なり。（山火賁《さんかひ》）

「丘園《きゅうえん》に賁《かざ》る」とは、文飾の時代にあって質素に農耕に力を入れること。「束帛戔戔《そくはくせんせん》たり」とは、進物《しんもつ》に使う絹の織物を少しにして倹約すること。すると、「吝《りん》」けちであると非難されるが、実質を重視すれば、本来の豊かさを得て発展することができる。

山火賁《さんかひ》の卦《か》は文飾に程良く止まることを説く。文明や文化は人間社会を発展させるが、過分になると実質が伴わず、本末転倒になるから注意せよと教えている。

21日　意志薄弱は自らの罪

節《せっ》せざるの嗟《なげ》きとは、また誰をか咎《とが》めん。（水沢節《すいたくせつ》）

節制・節約できず、節度を設けられないがために失敗したことを嘆《なげ》いても、それは誰のせいにもできない。自業自得というものである。

「節せざる」とは、意志が弱く、節することができないこと。そうすると節操なく欲望に身をまかせ、身を保てずに、嘆くような結果になってしまう。戒めとすべき言葉である。

22日　行き過ぎて丁度良いこと

行いは恭《きょう》に過ぎ、喪《そう》は哀《あい》に過ぎ、用《よう》は倹《けん》に過ぐ。（雷山小過《らいさんしょうか》）

恭とは丁寧で慎み深いこと。行いは慎重丁寧に過ぎるくらいが良い。

喪の際には、儀式よりも哀悼を中心に、少し哀しみの情に過ぎるくらいが良い。

物を用いる時は、とかく贅沢《ぜいたく》に流れやすいので、少し倹約気味にして丁度良い。

雷山小過《らいさんしょうか》の卦《か》は「少しく過ぎる」ことを説くが、日常の心がけとして、少し行き過ぎて丁度良いことがあると教えている。

23日　聖賢《せいけん》を養う

聖人は亨《ほう》してもって上帝を享《まつ》り、大亨《たいほう》してもって聖賢《せいけん》を養う。（火風鼎《かふうてい》）

古代中国では国を訪れる賢人を城に招き、豪華な食事を振る舞い、今でいうシンポジウムを開いていた。当時の賢人たちは情報の宝庫であり、また賢人と語らうことは外部の意見を聞く貴重な機会であった。

そのために天帝への供え物よりも多くのものを賢人たちに饗《きょう》して遇した。

国を守るために賢人の意見に耳を傾けることは、昔も今も重要なことである。

この火風鼎《かふうてい》は賢人を養う時を説く卦《か》。

24日 盛大な祭祀《さいし》を営む

大牲《たいせい》を用いて吉《きつ》。往《ゆ》くところあるに利《よ》ろし。（沢地萃《たくちすい》）

「大牲《たいせい》」とは大きな生《い》け贄《にえ》。国王が行う祭《さい》祀《し》には盛大な供物を供えるのが良いという。祭祀は人心を集め、真心を奉ずるものであり、本来、供物の大小は問わない。しかし、その時にできる限りを捧げるようにする。

人も物も多く豊かな時は供物も盛大にし、人心を一つに集めるために、国をあげての大イベントを催すことだと教えている。

沢地萃《たくちすい》は、人も物資も集まり、大いに豊かに栄える時を表す卦《か》。

25日 人心を集める

風の水上《すいじょう》を行くは渙《かん》なり。先王《せんのう》もって帝《てい》を享《まつ》り廟《びょう》を立つ。（風水渙《ふうすいかん》）

古代においては、人々の気が散る、気持ちが離れることを防ぐために、また澱《よど》んだ気を散らして晴らすために、天帝《てんてい》を祀《まつ》り、廟《びょう》を立てた。祭祀《さいし》を行うことで、散りかけていた人心を集め、大切なことは何かと改めて知らしめたのである。

風水渙《ふうすいかん》の「渙」とは散る、解ける、離散する。また、散らして集める、気を発散させ、落ち着かせるという意味もある。

26日　家庭のあり方

言《げん》には物あり、行いには恒《つね》あり。

（風《ふう》火《か》家《か》人《じん》）

家庭において、事実にもとづく言葉を使い、行いには一貫性がなければならない。

家族は情に溺れやすい。家庭は気を許せる場所だが、それだけに他人にはいわない暴言を吐くこともある

しかし、家庭は社会生活の根本であると自省し、言葉と行いを慎むことだ。自分で自分を欺くような真似はしてはならない。

この風《ふう》火《か》家《か》人《じん》の卦《か》は、家庭・家族・家道のあり方を説いている。

27日　咸《かん》は感なり

咸《かん》は感なり。

（沢《たく》山《さん》咸《かん》）

咸とは感応《かんのう》することである。物事を見て感応するには心を要す。また感応は二心がないところに生じるものである。

感じ方が正しくないと、感情が乱れ、心が泡立つ。大波が立ち、揺れる場合もある。そうなると物事ははっきり見えてこない。

物事を真に心で感じ、受け止めた時は、まさに「明鏡止水《めいきょうしすい》」である。一瞬にして、心の目で物事の真相をはっきりと見透すことができる。

28日　神《しん》を極《きわ》め化《か》を知る

神《しん》を極《きわ》め化《か》を知るは徳の盛《さかん》なり。
（繫辞下伝《けいじかでん》）

真理を究《きわ》め、変化の理《ことわり》を知ることは、人が到達できる徳の極みである。

しかし現実は、いくら極めても、人が知りうることには限界がある。そこで、真理の近くまで達しよう、その働きに似ようとすることが大事なのである。

人を成長させるのは、人間の考えの及ばない実在である。

29日　随処《ずいしょ》に主《しゅ》たり

天の下に雷《らい》行き、物ごとに无妄《むぼう》を与う。先《せん》王《のう》もって茂《さか》んに時に対し万物を育《やしな》う。
（天雷无妄《てんらいむぼう》）

自然は人間に恩恵とともに地震・洪水など天災も与える。「時に対し万物を育《やしな》う」とは、非日常的な禍《わざわい》の時であれ、為すべきことを為し、社会をよくしようとすること。

もし人が自然体であったら、自然はすべてを教え、与える。どんな状況下でも時の主でいることができる。

天雷无妄《てんらいむぼう》の教えは禅語《ぜんご》にもある「随処《ずいしょ》に主《しゅ》たり」に通ずるものといえよう。

30日　一寒一暑《いっかんいっしょ》

これを鼓《こ》するに雷霆《らいてい》をもってし、これを潤《うるお》すに風雨をもってし、日月運行《じつげつうんこう》して、一寒一暑《いっかんいっしょ》あり。（繫辞上伝《けいじじょうでん》）

「雷霆《らいてい》」は雷と稲妻。物事は春雷が響き渡るように奮い動いて、人々を鼓舞《こぶ》し、志を目覚めさせ、風雨が地を潤すように人を成長させる。

易は変化を尊ぶ。太陽と月は一時も止まらず、一時は寒くなり、一時は暑くなり、春夏秋冬は巡る。人も物事もこれに同じく、激動、潤沢、衰退などの変化があり、成長するのである。

31日　陰《いん》を生み出す

陰陽の陽は、強くて前に進む性質をいう。しかし、陽の力だけでは、自分の力を誇示して独善的になり、人の意見に耳を貸さなくなり、いつか急激に失墜《しっつい》する。

そうならないためには、自ら陰の力を生じさせ、コントロールする必要がある。

陰の力の特徴は、従順・受容・柔和。人に従い、人の意見を聞く耳を傾ける謙虚さを持つ。

能力に優れたリーダーであっても、自ら陰を生み出すことができなければ、後継を育てることはできない。いずれ周りの人間は去り、組織を保てなくなってしまう。

4月

天に応じて時に行う。
ここをもって元《おお》いに亨《とお》るなり。

1日 万物《ばんぶつ》資《と》りて始《はじ》む

大いなるかな乾元《けんげん》、万物《ばんぶつ》資《と》りて始《はじ》む。すなわち天を統《す》ぶ。
（乾為天《けんいてん》）

乾の元気な力は大いなるすばらしいものであり、万物はこれによって始まる。

「乾」は「天」、純粋な陽であり、その働きと性質をいう。積極、剛健、推進、健やかさ、疲れを知らない元気な力である。

天道は万物の始まりを司る。常に活動して止まず、地上を遍《あまね》く照らし、雨を降らせ、万物を育成していく。

2日 大始成物《だいしせいぶつ》

乾道《けんどう》は男《だん》を成し、坤道《こんどう》は女《じょ》を成す。乾《けん》は大《だい》始《し》を知《つかさど》り、坤《こん》は成物《せいぶつ》を作《おこな》う。
（繫辞上伝《けいじじょうでん》）

「乾道《けんどう》」は積極・推進の陽の道で、男性的な性格を持ち、「坤道《こんどう》」は消極・受容・柔順の陰の道で、女性的な性格を持つ。

陽は始めを司り、陰は陽を受けて万物を生み育てる働きをする。これを男女の特性で考えるならば、システムを考え推進するのは男性が長け、それを受けて実用化し育てていくのは女性が長けている。

陰陽は分けて考えるものではない。一対で大いなる働きを成すのである。

3日　時宜《じぎ》を得る

天地は順をもって動く、故《ゆえ》に日月過《じつげつあやま》たずして四時忒《しいじたが》わず。（雷地豫《らいちよ》）

雷地豫《らいちよ》の「豫《よ》」は予《あらかじ》め、怠らず、楽しむ、の意味。予め順序立って行動することで楽しみ、喜びの時を得ると教えている。

天地は順を追って朝昼晩、春夏秋冬が確実にやって来る。それなのに、人事（人間社会の出来事）が順を外れたり怠っていては、物事がうまく行われるはずもない。

「豫の時義大《じぎおお》いなるかな」という言葉があるが、順序や段階を怠らずに確実に踏まえ、時に適《かな》う行いをする意義は大きい。

4日　天に応じて時に行う

天に応じて時に行う。ここをもって元《おお》いに亨《とお》るなり。（火天大有《かてんたいゆう》）

「天に応じて時に行う」とは、その時々にピッタリの、時の的を射る行いをすること。

農作業でいえば、春に種を蒔き、夏に草刈りをし、秋に収穫して、冬に土壌を養うのが時の的を射るということ。

天の運行に応じて、その時々にしかるべきことを行っていれば、物事は多いに通じていくということである。

5日 能《よ》く久しく

日月《じつげつ》は天を得て能《よ》く久しく照らし、四時《しいじ》は変化して能《よ》く久しく成し、聖人はその道に久しくして天下化成《かせい》す。（雷風恒《らいふうこう》）

日月は止むことなく朝昼晩と巡り、四季（四時）も休むことなく春夏秋冬が巡り、万物を育成する。そこには一定の法則があり、変と不変を孕《はら》んでいる。

刻々と変化して極まりがない。その極まりがない変化こそが、雷風恒《らいふうこう》の卦《か》が説く不変の道、不変の「恒」である。

人もこれに倣《なら》い、自分の道を変えることなく、変化に応じて成長していくことだ。

6日 時に趣《おもむ》く

変通《へんつう》とは時に趣《おもむ》くものなり。（繫辞下伝《けいじかでん》）

変化して通じていくとは、冬が春になって種を蒔《ま》き、順調に暖かくなり、種が芽生え、成長することである。

「時に趣《おもむ》く」とは、時に背《そむ》かず、適した行いをすること。種蒔きでいえば、春を待って蒔くということである。

時に趣くならば、物事はより良く変化して、目的を達成することができるだろう。

7日　見えないものを観る

観《かん》は盥《てあら》いて薦《すす》めず、孚《まこと》ありて顒若《ぎょうじゃく》たりとは、下《しも》観《み》て化するなり。（風地観《ふうちかん》）

風地観《ふうちかん》は洞察力を説く卦《か》。「観」は、見えないものを観る、心の目で観て同化すること。また心で「示す」という相対の意味も含んでいる。

古代の祭祀《さいし》の際、君主は手を清め、供物を捧げたが、「薦《すす》めず」とあるように、豊作期ではなかったため薦め捧げるほどの供物がなかった。そこで誠心誠意の真心（孚《まこと》）を厳正に捧げた。

民はそんな君主の姿に示された真心を観て、心服し同化した。

「親の背中を観て子は育つ」というように、「観」は理屈ではない。心のあり方を観ただけで、同化して精神が成長するのである。どんなに言葉できれいごとをいっても、真心がなければ人は感化されない。

私たちは、どうしても目に映るものや物質にとらわれやすいが、物質的に恵まれない時にこそ、心の目で観ることができる。そういう時に、物事の本質や人の本心が浮き彫りになってくるものである。

8日 至るを知りてこれに至る

至るを知りてこれに至る、ともに幾《き》を言うべきなり。（文言伝《ぶんげんでん》）

わずかな兆《きざ》し（幾《き》）を観て、それが何を意味するか、その全体像を知り、どう対処すべきかを考えて答えを見つける、ということ。たとえば、小さなネジの脱落から大事故の前兆を感じとり、機器を点検して事故に至るのを防ぐようなことをいう。

毎日同じことを繰り返し、熟練すると、いつもと違う何かに気づく能力が養われる。これが兆しを察する力、「プロの目」である。決してまぐれの直感ではない。

9日 終わるを知りてこれを終わる

終わるを知りてこれを終わる、ともに義《ぎ》を存《そん》すべきなり。（文言伝《ぶんげんでん》）

先を見通して、どうすれば終わり、どうすれば終わらないかを知り、しかるべき対処をしなければならない。それは「義」にかかわることである。

「義」とは義理・正義であり、無駄をそぎ落とす覚悟と厳しさを意味する。

問題に気づき、対処法を知っても、行動しなければ何にもならない。恐れるべきは、問題が起こることより、対処ができないことである。

10日 泰平《たいへい》を支える三徳

荒《こう》を包《か》ね、河《かち》を馮《わた》るを用い、遐《とお》きを遺《わす》れず。

(地天泰《ちてんたい》)


「荒《こう》」は凄まじい亡骸《なきがら》、荒れはてた汚いもの。そんな荒れた人心など包み難いものまで抱擁する度量を「仁」という。

そして、危険な川を徒歩で渡るほどの勇気と決断力を「勇」という。

また「遐《とお》きを遺《わす》れず」は、遠くまで思いを置くこと。つまり、五十年百年先の将来を深く思う。これが「知」である。

泰平の世の中が実現するためには、知・仁・勇の三徳が必要とされるという。

11日 百物《ひゃくぶつ》廃《すた》れず

その道ははなはだ大《だい》にして、百物《ひゃくぶつ》廃《すた》れず。懼《おそ》れもって終始すれば、その要は咎《とが》なし。

(繋辞下伝《けいじかでん》)


泰平《たいへい》の時に危機管理意識を怠らない者は泰平を保ち、侮る者は泰平を傾かせるという教え。

この教えは、国家や会社組織、また家庭や個人の身の保ち方にまで通じる。

これを終始貫くことで、さまざまな物事を廃れさせず、帰するところ咎《とが》めはないといっている。

12日 機《き》が熟すのを待つ

上下すること常《つね》なきも、邪《じゃ》をなすにはあらざるなり。（文言伝《ぶんげんでん》）

自分の地位や立場に止まらず、常なく進んだり退いたりするが、邪をなすわけではない。

これは、物事をなし遂げる前に、兆しを察し、時が熟すのを待つ態勢である。

たとえば、相撲の仕切り、陸上のスタート前の姿勢のように、あえて不安定な立場を取り、危ういバランスに身を投じる。

動くべき時に動くには、揺らぎのただ中で、機が熟すのを観てとるのである。

13日 従うことから始める

先んずれば迷い、後《おく》るれば主《しゅ》を得《う》。（坤為地《こんいち》）

「従う」能力といってもいい陰の徳の特徴を説いている。従うべき時に従わないと必ず道を失い、迷うが、後れてついて行けば、従うべき主を得る、といっている。

新しい環境に入った時は、先頭に立って我を出してはいけない。まず、その環境に習い、従う。自分なりのやり方、考え方を一度捨てるのが従うコツである。そうすることで、新たな自分を発見し、道が広く開けていく。将来、先頭に立つためにも、まず従うことから始めなければならない。

14日 時の的を射る

君子は器を身に蔵《ぞう》し、時を待ちて動く。
（繫辞下伝《けいじかでん》）

「器」とは弓矢のことで、利器《りき》を意味する。これは世の中に役立つ力や才能、また問題を解決する手段の喩えである。

この言葉は、不断の修養により、力をたくわえ身につけておき、時が来たら行動するのが良いと教えている。

いくら良い利器を備え、行動力や才能があったとしても、時の的を外したら何事も成し遂げることはできない。

15日 財成《さいせい》と輔相《ほしょう》

后《きみ》もって天地の道を財成《さいせい》し、天地の宜《ぎ》を輔《ほ》相《しょう》し、もって民を左右す。
（地天泰《ちてんたい》）

「財成《さいせい》」は余っているものを減らし、「輔相《ほしょう》」は足らないものを補う。「左右す」とは、余分を減らし、不足を補って民を左右両側から助けること。

古代、王の主たる務めは財成と輔相であった。すぐれた王は、天下の経済、物資などを財成し、輔相して民を助け、生活を安定させることに腐心した。これを正しく行うことで泰平の世が保たれたのである。

現代でもなお、これは政治の根本であろう。

16日 習《しゅう》坎《かん》

習坎《しゅうかん》は孚《まこと》あり。維《こ》れ心亨《とお》る。行《ゆ》けば尚《たっと》ばるることあり。（坎為水《かんいすい》）

坎為水《かんいすい》の卦《か》は易経六十四卦の中の四大難卦の一つ。非常な険難の時を表す。

「習坎《しゅうかん》」の「坎」は土が欠けると書いて、穴。「習」は習う、繰り返す。つまり、穴また穴に陥るというわけで、苦しみが一層の苦しみを呼び、繰り返すことをいう。

それほどの苦しみをどうやって脱すればいいのか。

「孚」は、約束事、信じる心、信念、そして誠心誠意の真心などの意味がある。

「維《こ》れ心亨《とお》る」とは、この苦しみを必ず脱する時が来ると信じること。

そのようにして苦難と真っすぐに向き合い、耐え続けたならば、その誠心と信念によって、いかなる険難をも乗り越えられるというのである。

人は誰しも、できれば険難に陥りたくはないと思うものだが、その一方で、苦しみほど人を育てるものはない。

この坎為水の卦《か》は別名「習坎《しゅうかん》」と呼ばれる。険難の時に繰り返し習うことを意味するこの言葉を先人は畏《おそ》れ、尊んできたのである。

17日　雪解けの時

天地解《と》けて雷雨作《おこ》り、雷雨作《おこ》って百果草木《ひゃっかそうもく》みな甲拆《こうたく》す。（雷水解《らいすいかい》）

天と地の気が交わって解け、冬が春へと移り変わる。春雷や春雨が起こり、雪解けの時が訪れる。

「甲拆《こうたく》す」とは種子の硬い皮が熟して弾けること。雷雨で地が潤い、百花草木が芽吹くことを表している。

雷水解《らいすいかい》は困難が解決する時を説く卦。物事が解決する前には、雷雨のような動きがある。それをよく見極めて解決へ向けての適切な行動をとることであると教えている。

18日　過失を赦《ゆる》す時

雷雨作《おこ》るは解《かい》なり。君子もって過《あやまち》を赦《ゆる》し罪を宥《なだ》む。（雷水解《らいすいかい》）

雷雨が起こって雪解けとなり、草木が芽吹いて成長するように、人事の大難が解決し、新たな時を迎える。上に立つ者は、そこで人の過失を許してやり、罪を軽減してやることが大切であるという。

大変な困難に直面すると、そこから脱しようとして道を誤る者も出てくる。しかし、大難が解決を見た時には、皆で喜び、非常時の苦難を思い、寛大に対処して罪を償いやすくすることが大切なのである。

19日 苦節《くせつ》十年

節《せつ》は亨《とお》る。苦節《くせつ》は貞《てい》にすべからず。（水沢節《すいたくせつ》）

「苦節十年」とは苦しみに耐え忍び、志を遂げることを意味する言葉。美徳とされるが、この「苦節」の出典が「苦節は貞《てい》にすべからず」。「貞」とは、正しい、固い。「節」は竹の節で、次に伸びてゆくために程よい節目を設けること。

節度とは適度な度合いをいい、節約は費用の無駄を省くこと、節食は適度な食事量に減らすこと。だが、節しすぎると体を壊すこともある。あまり堅く厳しく節制すると道が窮まってしまうという教えである。

20日 甘《かん》節《せつ》

節《せつ》に甘《あま》んず。吉《きつ》なり。往《ゆ》けば尚《たっと》ばるることあり。（水沢節《すいたくせつ》）

「甘」は中、和《なご》む、和する。「甘節」には「苦節」の反対の意味合いがある。

苦節は美徳とされるが、苦しければ窮する。したがって本来は「甘節」のほうが人や物事を生かし進めるのであり、人々に尊ばれ功績をあげる「節」の道である。

節約とは我慢ではなく、やりくり・工夫であるように、「甘節」とは、今を節するのは次に自分を活かすためと知って、喜んで節に甘んずることをいう。

21日　明《めい》を晦《くら》ます

艱《くる》しみて貞《てい》なるに利《よ》ろしとは、その明《めい》を晦《くら》ますなり。（地《ち》火《か》明《めい》夷《い》）

地《ち》火《か》明《めい》夷《い》は太陽が沈み隠れたような暗黒の時代の生き方を説く。

下の者は明徳を持っているが、上に立つ者はとても愚かである。これを易経では、殷《いん》の紂《ちゅう》王《おう》が権力を振るった時代に喩《たと》える。

このような時代には、明るさや徳は傷つけられ、害され、正道は一切通らない。そのため艱難辛苦するが、どんなに苦しくても、後々のために、固く自分の聡明さを隠して耐えよ、と易経は教えている。

22日　旅に出る

旅《りょ》は少《すこ》しく亨《とお》る。（火《か》山《ざん》旅《りょ》）

「旅」は旅に出ることであるが、現代の旅行とは異なり、古代は交通手段もなく、旅は不安と危険を伴う辛いものであった。

これを現代の状況で考えるならば、やむなく人の家で世話になるとか、出張・赴任等にあたる。

「少《すこ》しく亨《とお》る」とは、大きなことを望んで旅に出るのでなければ、無事であるという意味。つまり、行き先で多くを望まなければ、普段なら当たり前のことでも、有り難いと思えるものだということ。

23日 新時代を切り開く

夬《かい》は、王庭《おうてい》に揚《あ》ぐ。孚《まこと》あって号《さけ》び、厲《あやう》きことあり。告《つ》ぐること邑《ゆう》よりす。戎《じゅう》に即《つ》くに利《よ》ろしからず。往《ゆ》くところあるに利《よ》ろし。

（沢天夬《たくてんかい》）

「夬《かい》」は決断、決する。沢天夬《たくてんかい》の卦《か》は、統治する力をなくした上位の権力者を排除し、新たに道を切り開くための行動を説く。

「王庭《おうてい》」は公の場。まず、排除するべき理由を公の場に明らかにする必要がある。

しかし、相手は高位にあり、手強い。誠心誠意をもって訴えても、なお危険がともなう。

そこで、「邑《ゆう》よりす」。つまり、まず自分の足もとをきれいにし、親しいものから結束を固め、広く民衆の意志を固めて根底の力を養うのである。

そして「戎《じゅう》に即《つ》くに利《よ》ろしからず」とあるように、武力を用いない。権力者を除く時に武力や権威を尊んだなら、ただ混乱し、道が窮まるだけである。

このように行動するならば、進んでいって時代を切り開くことができるという。

この沢天夬《たくてんかい》の時がそのまま起こったような史実が、劇的な変貌を遂げた明治維新前の幕末期である。

24日 広く社会に役立つ

大畜《たいちく》は、貞《ただ》しきに利あり。家食《かしょく》せずして、吉《きつ》なり。（山天大畜《さんてんたいちく》）

山天大畜《さんてんたいちく》の卦《か》は、山に天の気を蓄えるほどの大きな蓄積の時を説く。

「家食《かしょく》せずして吉《きつ》なり」とは、家業のためだけでなく広く社会に役立つことを目指すのなら、自らを大きな器に養い育てて、将来、大業を成し遂げることができる、ということ。

「自分たちだけが」と思う狭い心では大きな発展はない。人は社会貢献を志すことで、飛躍的な成長を遂げるのである。

25日 正しいところに付く

離《り》は麗《り》なり。日月は天に麗《つ》き、百穀草木《ひゃっこくそうもく》は土に麗《つ》く。（離為火《りいか》）

「離《り》」は火を表す。離れる、付くという意味がある。「麗《り》」は並ぶ、くっつく。

日月は天にあって輝き、植物は土に付いて生育する。同じように、人間も正しいところに付くならば、物事が明らかになり、本来の充実を得られる。

火は何かに付いて燃え上がるが、万物も正しいところに付くことで、その力を発揮すると教えている。

26日　一闔一闢《いっこういっぺき》

一闔一闢《いっこういっぺき》これを変《へん》と謂《い》い、往来窮《きわ》まらざる、これを通《つう》と謂《い》う。（繋辞上伝《けいじじょうでん》）

変通窮《へんつうきわ》まりない易の理《ことわり》を、一枚の扉にたとえている。

ある時は閉じ、ある時は開く。これを変といい、窮まることなき往還を表す。そして、このように物事が変化していくことを通という。変わることによって物事は通じていく。

戸を闔《と》じて充電し、活動のエネルギーを養うのが陰《いん》の「坤《こん》」。戸を闢《ひら》いて外に向かって積極的に活動するのが陽《よう》の「乾《けん》」。

開いたままでも閉じたままでも、物事は通じていかない。

人の生活も同じである。夜は家の戸を閉じて休み、朝には戸を開いて出かけていく。

何でもない日常のことであるが、そうした休息と活動という陰陽の作用が、大きな変化と成長のエネルギーの源となるのである。

27日 言葉には本心が表れる

まさに叛《そむ》かんとする者は、その辞《じ》慙《は》じ、中心疑う者は、その辞《じ》枝《わか》る。（繋《けい》辞《じ》下《か》伝《でん》）

正しいことから離れ、背こうとする者が口にする言葉は恥辱にまみれている。心中に疑念を抱いている者が口にする言葉はあれこれと矛盾しているものだ。

心の中で何を思っているか、何を謀《はか》っているのかが、言い回し一つにも表れる。ゆえに言葉には注意すべきである、と教えているのである。

28日 人物を見極める

丈夫《じょうぶ》に係《かか》れば、小子《しょうし》を失う。（沢《たく》雷《らい》随《ずい》）

信頼のおける人に随《したが》うならば、小人との不正な関係は断ち切れる。不正な関わりを捨てさえすれば、自分の身を保つことができる。

悪い仲間や人物と関わっていては、当然、その行く末に自分の成長はない。随うべき人物を見極めることが大切だ。

29日 井戸の徳

井《せい》は、邑《ゆう》を改めて井《せい》を改めず。喪《うしな》うなく得《う》るなし。（水風井《すいふうせい》）

水風井《すいふうせい》は水で広く万人を潤し、養う時を表す卦《か》。

国や人は時とともに移り変わっても、井戸は動かせるものではない。また、井戸水は汲《く》み上げても汲み上げなくても、常に一定の水位を保っている。

これは、万人を養うためには井戸のような性質が必要であることを教えている。リーダーは損得を考えず、泰然自若《たいぜんじじゃく》として尽きることのない徳を内に養うことだ。

30日 器量《きりょう》と度量《どりょう》

器量《きりょう》とは、高い地位に相応《ふさわ》しい対処能力であり、度量《どりょう》とは、自分に対する批判でも聞くべきものは受け入れるという心の広さである。

陰陽に分けるとすれば、器量は陽の力で、度量は陰の力になる。

現代では能力や実績主義になり、会社組織のリーダーは器量型が多いといわれる。

もちろん器量は大切である。しかし、リーダーの真価が問われるのは、人の能力を活かし、人を育てる度量である。リーダーは、度量という陰の力を育てることを忘れてはならない。

5月

積善《せきぜん》の家には必ず余慶《よけい》あり。

1日 積善《せきぜん》の家には必ず余慶《よけい》あり

積善《せきぜん》の家には必ず余慶《よけい》あり。積不善《せきふぜん》の家には必ず余殃《よおう》あり。（文言伝《ぶんげんでん》）

この言葉は「善を積む家には子々孫々の後まで喜びがあり、不善を積む家には後世まで災禍がある」という因果応報《いんがおうほう》の意味で使われるが、本来は、日々小さな善を積んでいけば必ず慶《よろこ》びに行き着き、日々不善を積んでいれば必ず禍《か》に行き着くという意味。

何事も積み重ねていくと層が厚くなる。だからこそ、何を積んでいくのか、層の薄いうちに細心の注意を払わなくてはならないという教えである。

2日 小さな善を積む

善《ぜん》も積《つ》まざれば もって名《な》を成《な》すに足《た》らず。悪《あく》も積《つ》まざればもって身《み》を滅《ほろ》ぼすに足らず。（繫辞下伝《けいじかでん》）

善行を少し積んだだけでは名誉は得られない。小さな善を日々継続して積み重ねた結果が大きな善行となり、名誉を得ることができる。

悪行が身を滅ぼすに至るのも同様で、小さな悪が積もり積もって、挙げ句の果てに、大悪となるのである。

3日　口実《こうじつ》を求める

頤《い》を観《み》て自ら口実《こうじつ》を求む。　（山雷頤《さんらいい》）

何によって身を立てるかを決めて、自らを養うものを求める。

山雷頤《さんらいい》の「頤《い》」は「おとがい」で、口、顎《あご》、養う、などの意。自分の肉体や心、あるいは人を養うという意味も含まれる。

「自ら口実《こうじつ》を求む」とは、まず自分自身の生活を養うこと。また、自分が何を修養すべきかを自身で求めていくこと。

「養う」ことの基本は人を当てにしないこと。自分自身を養えずに人を養うことなどできはしない。

4日　行を果たし徳を育《やしな》う

山下に出《いずる》泉《いずみ》は蒙《もう》なり。君子もって行を果たし徳を育う。　（山水蒙《さんすいもう》）

山水蒙《さんすいもう》は啓蒙《けいもう》を説く卦《か》。「行」は流れ進むこと。

山から出たばかりの湧き水は、最初はか細く弱いが、他の多くの流れを受け入れて、合流してはまた流れ、やがて大きな川へと成長し、開かれた大海へと流れ込む。

同じように、早成《そうせい》を焦《あせ》らずにあらゆる物事を自分に取り入れながら、学び進んでいけば、次第に蒙は啓かれ、徳は育成される。

5日　軽挙妄動《けいきょもうどう》は失敗のもと

鹿《しか》に即《つ》くに虞《ぐ》なく、ただ林中に入る。（水雷屯《すいらいちゅん》）

鹿を追い、狩猟の道案内人（虞《ぐ》）もなく、軽々しく林に入れば迷ってしまう。

鹿は利益を意味し、利に迷うことの喩え。利益だけを目当てに儲け話に軽率に乗るのは、林の中で迷うようなもので、決して利益は得られない。

つまり、自分の知らない分野でうまく利益を得ようなどと思っても得られるものではない、という教えになっている。

6日　結束を固める

由豫《ゆうよ》す。大いに得ることあり。疑うなかれ。朋盍簪《ともあいあつま》らん。（雷地豫《らいちよ》）

「由豫《ゆうよ》」は、これに由《よ》って楽しむ。「朋」は仲間、同志。「盍」は寄せ集めてとじる。「簪」は冠の付属品であるかんざし。

古代中国の男性は髪を束ねてねじり上げ、かんざしで留め、冠をかぶっていた。

多くの仲間と志を行う時は、末端から髪を束ねてねじるように結束を固め、一本のかんざしで志を貫くようにまとめ上げる。この段階を踏むことで、疑念を払拭し、志を達成して楽しむことができるのである。

7日　戦争と規律

師《いくさ》は出《い》づるに律《りつ》をもってす。否《しか》らざれば臧《よ》きも凶なり。（地水師《ちすいし》）

「師《いくさ》」とは戦。出陣する前には、まず内部にしっかりとした「律」規律を持つことが重要である。それを怠れば、勝利を得たとしても必ず禍がある。

戦争で混乱すれば、規律を失いやすい。兵が上部の命令に従わなければ、最初から負け戦になる。もし勝利したとしても、その後も混乱し、統治するのが難しい。

これは戦争に限らず、多くの人を使って事業を興す場合の教訓ともなるだろう。

8日　正義の戦い

師《いくさ》は貞《てい》なり。（地水師《ちすいし》）

「師《いくさ》」＝戦は忌むもので、できれば避けたい。だからこそ、正しいものでなくてはならない、と易経はいう。

こちらから仕掛けるものではなく、国を守るため、生き延びるために、やむを得ず行うもので、国民がこの戦争は起こさざるを得ないと心が一致する戦いをいう。

利益や名誉を求めるような戦は決して起こすべきではないという教えである。

9日　蛮勇《ばんゆう》の愚《ぐ》

その尾を濡《ぬ》らす吝《りん》なり。象《しょう》に曰《いわ》く、その尾を濡《ぬ》らすとは、また極《きょく》を知らざるなり。（火水未済《かすいびせい》）

狐が川を渡る時は、尾を濡らして負担にならないように、尾を高く上げて泳ぐ。しかし未熟な小狐はまだ自分の分際を知らず、蛮勇になり、軽挙妄動して川に飛び込んで尾を濡らしてしまう。

火水未済《かすいびせい》の卦《か》は未熟な時、未完成の時を説いている。「吝《りん》なり」とは、恥ずべきこと。過ちは改めなくてはならない。

10日　危険を逃れる

遯《とん》は亨《とお》るとは、遯《のが》れて亨《とお》るなり。（天山遯《てんざんとん》）

「遯」は豚に走ると書き、退避、隠遁《いんとん》の意。非常なる危険が迫っている時は素早く退避すべきであり、また、隠遁すべき時は地位や財産を捨ててでも退き、時期の至るのを待つべきである。

君子の進退として、「退く時は義をもって退く」という言葉がある。「義」は刀をもって伐《き》る、裁くこと。つまり、逃れる時は、自分の身を伐るような決断を要す。

天山遯《てんざんとん》の卦《か》は、逃れるべき時は自分の意志や欲を捨てて逃れよ、と教えている。

11日　リーダーの役割

大有《たいゆう》は柔尊位《じゅうそんい》を得、大中《だいちゅう》にして上下これに応ずるを、大有という。（火天大有《かてんたいゆう》）

火天大有《かてんたいゆう》の卦《か》は、大いに保つ時、組織を保つ能力を説いている。

「柔尊位を得」とは、尊位にあるリーダーに力がなく、自分以外は能力のある人達を抱えているという状態をいう。

「大中《だいちゅう》にして上下これに応ずる」とは、ろうそくの芯《しん》に火が灯るような様をいう。

ろうそくの火を思い描いてほしい。芯の部分は暗く、芯自体は光を発しないが、ひとたび火がつけば、芯を中心に周りが明るく燃え上がる。

組織でいえば、ろうそくの芯がリーダーの役目である。つまり、組織を保つために、リーダーは技や力を他と競う必要はない。力のないリーダーであるからこそ、多くの人の能力を発揮させることができる。それが「大中」。これは大いに中庸《ちゅうよう》を心得る者をいう。

易経は火天大有の説くリーダーを賞賛する。本来、能力があってもそれを覆い隠し、立場を弁《わきま》え、自らの中に陰を生み出して、後継を育てるからである。

12日 物心が集まる

その聚《あつ》まるところを観《み》て、天地萬物《ばんぶつ》の情を見るべし。　（沢地萃《たくちすい》）

天地万物は、陰陽の気が聚《あつ》まり、成り立っている。雨と陽射しが豊かに注ぐ肥沃《ひよく》な大地には動植物が集まり、推進力のある優秀なリーダーの元には、喜んで従う人々が集まる。

物や人心の集約する時と場所、内容を見て、「これだけのものが集まるのはなぜか」とよく洞察すれば、その物事の真の情態を知り得ることができると易経は教える。

13日 随《ずい》風《ふう》

随風《ずいふう》は巽《そん》なり。君子もって命《めい》を申《かさ》ね事を行う。　（巽為風《そんいふう》）

巽為風《そんいふう》は順《したが》う時を説く卦《か》。また、風は狭い隙間があれば入り込み、行き渡ることから、広報・命令の意味がある。

投げやりで傲慢な命令に人々は反発心を持つ。リーダーは命令を下す時、よく理解される言葉で丁寧に、何度も繰り返し話して、人々に行き渡らせなくてはいけない。

「随風《ずいふう》」について、孔子は「君子の徳は風」と『論語《ろんご》』に記している。草（民）は風（君子の命）にあたれば必ず伏す、と。

14日　賢人に教えを乞《こ》う

翩翩《へんぺん》として富《と》めりとせず、その隣《となり》と以《とも》にす。戒《いまし》めずしてもって孚《まこと》あり。（地天泰《ちてんたい》）

「翩翩《へんぺん》」は鳥がひらひらと舞い降りる様。

泰平の世が乱れることを察し、上位の者が自分は能力が足りないと心を空しくして下位の賢人に教えを乞《こ》う。

安定した世の中に傾きが見え始めた時、実力のない者が上位に胡坐《あぐら》をかいていては、世の中は急激に傾いて、手立てがなくなる。こうした時は、個人のプライドを捨てて、誠心誠意を表して下位にいる賢者の助けを求めることである。

15日　小人《しょうじん》は不仁《ふじん》を恥《は》じず

小人《しょうじん》は不仁《ふじん》を恥《は》じず、不義《ふぎ》を畏《おそ》れず、利を見ざれば勧《すす》まず、威《おど》さざれば懲《こ》りず。（繫辞下伝《けいじかでん》）

小人は思いやりや慈愛を持たなくとも、それを恥じず、悪逆《あくぎゃく》を恐れずに行う。自分に利益がなければ進んで行動せず、刑罰を与えられなければ懲りない。

小人は自分に利益があれば諂《へつら》い、仮の思いやりも見せる。悪事を働いても、恐るべき結果になることを思いもしない。

時の状況によって、誰しも小人になる可能性がある。肝に銘じたい一文である。

16日 剛健篤実《ごうけんとくじつ》

剛健篤実《ごうけんとくじつ》にして輝光《きこう》日に新たなり。（山天大畜《さんてんたいちく》）

「剛健篤実《ごうけんとくじつ》」は障害があっても粘り強く、日々進み、何事も手厚く取り組み、中味と実質を蓄えること。

「輝光《きこう》」とは力強い光。努力を重ね、日々新たに成長するならば、圧力や障害があっても、必ずその光（徳）は輝いて外に漏れ出ると教えている。

山天大畜《さんてんたいちく》は、山が天の養分（徳）を蓄える時。すそ野広く、高く蓄積する「大いなる蓄積」を説く卦《か》である。

17日 感通《かんつう》

鳴鶴《めいかく》陰に在り、その子これに和す。（風沢中孚《ふうたくちゅうふ》）

親鶴が陰で鳴くと、見えないところにいる子が声を合わせて鳴く。

親が子を思い、子が親に応えるような真心は、姿が見えず、遠いところにいても通じ合うということである。

風沢中孚《ふうたくちゅうふ》の卦名《か》「中孚」は心の中心にある真心、誠信をいう。

心の中で真から願うことは、必ず感通するものである。

18日 上昇の条件

柔《じゅう》、時をもって升《のぼ》り、巽《そん》にして順《じゅん》、剛《ごう》中にして応ず、ここをもって大いに亨《とお》るなり。（地風升《ちふうしょう》）

地風升《ちふうしょう》の卦《か》は昇り進む、上昇の時を説く。ただし、昇り進んでいくためには条件がある。

まず「時」を待って進むこと。草木が春から夏にかけて成長するように、物事も時期、環境、場が揃ったときに昇り進む。

そして「巽《そん》にして順《じゅん》」、環境や人に逆らわないこと。さらに「剛中にして応ず」賢者に学び従い、応援を得ることが欠かせない。

19日 どっしり構え、ゆっくりと進む

止まりて巽《したが》い、動きて窮《きわ》まらざるなり。（風山漸《ふうざんぜん》）

自分から先に先にと進むのではなく、落ち着いてどっしり構え、よく環境や状況を見て、それに合わせて無理なく進めば、窮まることはない。見た目上、まるで止まっているかのようにゆっくり進むことが必要なのである。

風山漸《ふうざんぜん》の卦《か》は、ゆっくりと時間をかけて進むべき時を説く。木が大木に生長するのには、長い時間がかかる。それに倣《なら》って進む重要性を教えている。

20日 吉凶悔吝《きっきょうかいりん》

悔吝《かいりん》を憂《うれ》うるものは介《かい》に存《そん》し、震《うご》きて咎《とが》なきものは悔《かい》に存《そん》す。（繋辞上伝《けいじじょうでん》）

「吉凶悔吝《きっきょうかいりん》」の吉は得る、凶は失う、悔は後悔する、吝は吝嗇《りんしょく》・けちる・厭《いや》がる。

「吉凶悔吝」は人の心と行動の巡り合わせを表す。つまり、人は過ちを後悔して吉になり、吉になると油断して驕りや慢心が起こって吝嗇になり、過ちを改めることをぐずぐずと厭がり、凶になる。凶になって、そこでまた後悔するのである。

吉凶の分かれ目は「悔・吝」にある。恐れ震えて咎めがないのが「悔」である。また、凶になる兆しが「吝」であり、凶が吉になる兆しが「悔」である。

「震《うご》きて」とは、「凶」という事実と、そこに至った厚かましいほどの吝嗇に恐れ震えること。吝嗇を重ねると、人は善悪の感受性を失い、不正を働いても「何が悪い」というほどになる。

震えは感受性の回復である。恐れてブルブルと震えなければ、後悔の念は湧かない。後悔して身を改めて吉に向かうのである。

また、トラブルの原因を洞察する者は、恐れ震えるほどに後悔して、流れを吉に変えることができる。

21日 動《どう》に生ずる

吉凶悔吝《きっきょうかいりん》とは、動《どう》に生ずる者なり。

（繫辞下伝《けいじかでん》）

禍《わざわい》や幸福の吉凶は、天から降ってくるかのように錯覚している人がいるかもしれないが、決してそうではない。

地位を得る（吉）と慢心して諫言《かんげん》を厭《いや》がり（吝）、地位を失い（凶）、ようやく後悔する（悔）。

吉凶悔吝《きっきょうかいりん》は自らの行動から生ずるものである。

22日 患《かん》を思う

患《かん》を思いて予《あらかじ》めこれを防ぐ。

（水火既済《すいかきせい》）

水火既済《すいかきせい》の卦《か》は、事をすでに成した、完成や達成の時を説く。

完成は物事の極点である。満月が欠けるように、完成は必ず欠け、乱れる方向へと向かう。これから力が衰えていくことを認識せず、さらなる成長を遂げようとすれば、気がついた時には急激に失速する。

「患」は悩み・憂い・病気などの患難。ピークを過ぎてもなお持続・保持しようとすれば、前もっての細かいメンテナンス、対策が必要になる。

23日　慢蔵誨盗《まんぞうかいとう》

蔵《おさ》むることを慢《おろそ》かにすれば盗《とう》を誨《おし》え、冶《あで》やかなる容《すがた》は淫《いん》を誨《おし》う。

（繋辞上伝《けいじじょうでん》）

富める人が財産管理をおろそかにすれば、盗んでくれというようなものであり、艶《なまめ》かしい格好をしていたら、襲ってくれと挑発しているようなものである。

「慢《おろそ》か」とは、気の緩みから怠慢になること。自分から禍《わざわい》を招いてはならないと警告しているのである。

24日　疑心暗鬼《ぎしんあんき》

睽《そむ》きて孤《ひとり》なり。豕《いのこ》の塗《どろ》を負《お》うを見、鬼《き》を一車に載《の》す。先にはこれが弧《ゆみ》を張り、後にはこれが弧を説《と》く。

（火沢睽《かたくけい》）

火沢睽《かたくけい》は背く、疑う時を説く。「睽《そむ》きて孤《ひとり》なり」は、背いて逃げて孤立すること。「豕《いのこ》の塗《どろ》を負《お》う」は泥だらけの醜悪な豚。「鬼《き》を一車に載《の》す」は化け物が車に乗っている様。弓で射ようとするが、よく見れば錯覚と気づき、疑い晴れて弓を捨てる。

猜疑心と思い込みから被害妄想に陥り、恐れるほどに忌み嫌う。まさしく疑心暗鬼の構造である。

25日　いたずらに凶を忌み、脅えない

吉凶《きっきょう》とはその失得《しっとく》を言うなり。（繋辞上伝《けいじじょうでん》）

吉は良い事が起き、凶は悪い事が起きるというのが一般の解釈だが、吉凶を受動的にとらえると、時の変化に翻弄される。

吉とは正しい道を得る、凶は正しい道を失うこと。春に種を蒔けば実りを得るし、冬に種を蒔けば実りを失うということだ。

結果を得るか失うかという能動的視点に立ち、対処を探求して努力邁進するならば、「禍《わざわい》を転じて福と為す」道も見出せる。

易経を学んだ人々は、「いたずらに凶を忌《い》み、脅《おび》えなくなった」という。

26日　黄矢《こうし》

田《かり》して三狐《さんこ》を獲《え》、黄矢《こうし》を得たり。貞《ただ》しければ吉《きつ》なり。（雷水解《らいすいかい》）

「田《かり》」は日常で必要な物を作り出す場所。会社では利益を生み出す現場にあたる。

田《た》を荒らす悪い狐《きつね》三匹を捕らえたが、うまく射止めたために矢が手元に戻ってきた。「黄矢」とは「黄色の矢」。

これは悪人を狩るのに中庸《ちゅうよう》の精神で行ったという意味である。狐は問題の根元である悪人を指すが、これを捕らえて問題を解決するには、「罪を憎んで人を憎まず」の精神で行うことだと教えている。

27日 人の心の動きを観よ

天地感じて万物化生《かせい》し、聖人人心《じんしん》を感ぜしめて、天下和平なり。その感ずるところを観て、天地万物の情見るべし。（沢山咸《たくさんかん》）

天地は互いに交感して万物を育成し、聖人は人を感動させ、天下に和平をもたらす。たとえば、ある人がどのような人や物事に感応し、何に感動したかを知れば、その人の心情を把握することができる。これは物事も同じことで、人や物を見る場合の一つのコツである。

沢山咸《たくさんかん》の「咸」は感応・感動・交感を意味し、人の心を動かすことをいう。

28日 来るべき日のために

時に及ばんことを欲するなり。（文言伝《ぶんげんでん》）

機が熟し、時が満ちた時に過不足なく相応の実力を身に付けていることを目指し、日々邁進する。

一日一日の積み重ねが、来るべき時の成功を約束するのである。

29日　生命力

庶物《しょぶつ》に首出《しゅしゅつ》して、万国ことごとく寧《やす》し。

（乾為天《けんいてん》）


生きて、成長していく力は、人間のどんな能力にも特出して優れたものである。

この力によって、個々の人間、動植物は活かし活かされ、営み、安寧《あんねい》に成長できる。

その力は天（乾《けん》）の働きによってもたらされるもので、地上の生きとし生けるものの根源になっている。我々一人ひとりにも、生命力として与えられ宿っている力である。

30日　中《ちゅう》庸《よう》

「中庸《ちゅうよう》」は、「囚《とら》われなく、その時に適切な」という意味。

行動に出るべき時には出る、控えるべき時には控える。自分の地位や立場が危うくなろうとも、進むべき時であれば進み、退くべき時であれば退く。時には嘆き悲しみ、時には喜び、時には烈火《れっか》のごとく怒る。

軋轢《あつれき》を避け、波風を立てないように、常にほどほどの加減を保とうとすることが中庸の精神かというと、そうではない。

31日 混《こん》沌《とん》

この世界の大本《おおもと》を易経では「太極《たいきょく》」と定義する。太極とは、まだ陰にも陽にも分かれていない、この世界の根源であり混沌としたエネルギーである。

この太極の渾然《こんぜん》一体とした世界を便宜的に陰と陽とに分けるところから、易経は発達してきた。

混沌である太極は何かと論ずることはできないが、荘子《そうじ》は混沌について、応帝王篇《おうていおうへん》にユニークな表現で記している。

南海の帝《てい》を儵《しゅく》といい、北海の帝を忽《こつ》といい、中央の帝を渾沌《こんとん》といった。儵と忽はあるとき渾沌の地で出会い、渾沌は手厚く彼らをもてなした。

渾沌には目も鼻も口もなかった。儵と忽はもてなしのお礼にと、渾沌に目鼻口耳の七つの穴を日に一つずつあけたが、七日目に渾沌は死んでしまった。

ここから物事に無理に道理を通すことを「渾沌に目口（目鼻）を空ける」というようになった。つまり、渾沌とは、まだ道理が通らない世界、状態をいうのである。

6月

天を楽しみて命《めい》を知る。故《ゆえ》に憂《うれ》えず。

1日 楽天知命《らくてんちめい》

天を楽しみて命《めい》を知る。故《ゆえ》に憂《うれ》えず。（繋辞上伝《けいじじょうでん》）

天の理法を楽しみ、自分の運命を生きる喜びを知るならば、人に憂いはない。

「楽天《らくてん》」と「知命《ちめい》」は同じ精神である。いかなる運命でも受け容れ、喜び感謝して生きていく。これは、天の働き・情理を楽しむ精神である。

この言葉は、楽天家、楽天主義の出典である。易経は天の理法を学ぶ書。よく学んだなら、真の楽天家となりうるだろう。

2日 無作為《むさくい》

耕さずして獲《え》る。菑《し》せずして畬《よ》する時は、往くところあるに利あり。（天雷无妄《てんらいむぼう》）

田畑を耕さなくとも収穫がある。また、「菑《し》せずして畬《よ》する」開墾せずとも田畑がこなれる。思い込みを捨て、洞察力を持ち、自然に則して生きるならば、本来、耕作や開墾すら必要ないという意味である。

天雷无妄《てんらいむぼう》の卦《か》は、作為せず自然の法則のままにまかせたなら、天は万物を養うと説いている。

我々は時として「何もしない努力」を知らなくてはならない。

3日　品物《ひんぶつ》形を流《し》く

雲行き雨施し、品物《ひんぶつ》形を流《し》く。（乾為天《けんいてん》）

「品物《ひんぶつ》」とは「万物」と同じであるが、生きとし生けるもの、その一つひとつのものをいう。人間ならば個々人を指す。

天に雲が巡り、恵みの雨を降らし、地上を潤《うるお》し、あらゆるものを育てる。

その天の働きによって、品物が「形を流《し》く」、すなわち個々のものがそれらしく形成される。

これは個々の性質、持ち味、特性を生かし、力を発揮《るふ》させるということ。この天の働きは遍《あまね》く流布するものである。

4日　万物資《と》りて生ず

至れるかな坤元《こんげん》、万物資《と》りて生ず。（坤為地《こんいち》）

「坤《こん》」は天地の「地」、陰陽では「陰」を表す。「天の気」である太陽の光、雨が地上の至るところに降り注ぎ、大地はそれを受け取って形あるありとあらゆるもの、万物を育成する。陰の徳は限りない受容と包容力である。

順《したが》い、受容して育成する、女性、母、妻、臣下の徳は陰徳である。ちなみに化粧品メーカーの資生堂は、この「資《と》りて生ず」から社名をとっている。

5日 心の鏡を磨く

自ら明徳《めいとく》を昭《あき》らかにす。

（火地晋《かちしん》）

太陽が自ら地の上に昇っていくように、自ら、明徳を明らかにする。

「自ら」とあるのは、自分の心を明るく保つのは自分自身であって、人に頼ることではないという意味。

明徳は私欲に囚《とら》われていると曇《くも》ってしまう。だから、自分の心の鏡が曇らないように、日々、自分で意識して磨かなければならないのである。

火地晋《かちしん》の卦《か》は、太陽が昇るように前進して、明徳が明らかになっていく時を説く。

6日 幽明《ゆうめい》の故《こと》を知る

仰《あお》いでもって天文を観《み》、俯《ふ》してもって地理を察す、この故《ゆえ》に幽明《ゆうめい》の故《こと》を知る。

（繋辞上伝《けいじじょうでん》）

「幽明《ゆうめい》」の「幽」は形なく眼に見えないもの。「明」は形あって眼に見えるもの。たとえば、身体は明、精神は幽であり、現在は明、過去と未来は幽である

天の巡りを仰ぎ観て、伏して地上の理《ことわり》を観察するとは、物事の情態をしっかりと観て、その真相を知るならば、必ず眼に見えない裏の情態も見えてくるということである。

7日　危うき者

危うき者は、その位《くらい》に安《やす》んずる者なり。亡《ほろ》ぶる者は、その存《そん》を保つ者なり。乱るる者は、その治《ち》を保つ者なり。（繫辞下伝《けいじかでん》）

盤石《ばんじゃく》と安心しきっていると地位が危うくなる。いつまでも存続すると思っていると亡ぶ。よく治まっていると気を抜けば乱れていく。

時は常に変化して状況は変わる。盤石の安泰などあり得ない。

壊乱《かいらん》の兆しは必ず油断する安定期に生ずる。自戒警戒して対処に備えるべきである。

8日　危機意識

安《やす》くして危うきを忘れず、存《そん》して亡《ほろ》ぶるを忘れず、治《おさ》まりて乱るるを忘れず。（繫辞下伝《けいじかでん》）

安泰《あんたい》の時に危機管理を怠らず、順調な時も滅びることを忘れず、泰平の世にあって平和が乱れることを忘れない。そのようにして国家組織は保たれる。

人は平和で安泰な時は怠惰になり、鈍感になりやすい。乱れはそこから生じるのである。国や組織・家庭、また自分を保ち、守るのは危機意識である。

9日 一朝一夕の故《こと》にあらず

臣《しん》にしてその君を弑《しい》し、子にしてその父を弑《しい》するは、一朝一夕の故《こと》にあらず。

（文言伝《ぶんげんでん》）

臣下が君主を殺し、子供が親を殺すようなことは、ある日突然に起こるのではない。その要因は長い年月をかけてゆっくり育ち、ある時、大きな禍《わざわい》になって現れる。

なぜこのような禍が起きるのか。物事の道理を早い兆しのうちに明らかにして、正さなかったからである。人的な禍の多くは、長い間、見ても見逃し続けた結果である。

10日 交如威如《こうじょいじょ》

その孚《まこと》、交如《こうじょ》たり。威如《いじょ》たれば、吉《きつ》なり。

（火天大有《かてんたいゆう》）

私心がなく（孚《まこと》）、人に警戒を与えず心から交わり（交如《こうじょ》）、優しい中に威厳（威《い》如《じょ》）がある。リーダーの徳を表した言葉である。「交如」は「信もって志を発するなり」とあり、言いたいことを言い合える信頼関係。「威如」は「易《あなど》りて備《そな》うるなければなり」とあり、猛威を奮うのではなく、その行いから自然ににじみ出る威厳である。

「交如威如」で思い起こす言葉に「和光《わこう》同塵《どうじん》」（光を和らげ塵《ちり》と同じくす）がある。

11日　機微《きび》を観る

先王《せんのう》もって方《ほう》を省み、民を観て教えを設《もう》く。（風地観《ふうちかん》）

古代の王は四方の諸国を巡幸《じゅんこう》し、そこに住む民の様子を観察した。そして、今何が必要かを察して、法律や規則、慣習を定め、教えた。

家庭や会社組織においても、リーダーは、人の表情や、仕事ぶり、生活ぶりのわずかな機微《きび》を観て、荒廃《こうはい》や乱れの兆しがないかと洞察することが大切である。

12日　晦《かい》を用いる

衆に莅《のぞ》み、晦《かい》を用いてしかも明なり。（地火明夷《ちかめいい》）

「晦《かい》を用いて」とは、自分の才能や地位を隠し、人の目をくらますこと。これを「韜晦《とうかい》」という。寛大に、知って知らないふりをすることである。

リーダーがあまりに明察聡明《めいさつそうめい》で細目をやかましくいえば、部下は自分の能力を発揮できなくなる。「韜晦」は、時によって人を伸ばすための明らかな知恵となる。

要するに、人々に相対するのに、時には馬鹿を装《よそお》えという教えである。

13日　小人は国を乱す

大君命《めい》あり。国を開き家を承《う》けしむ。小人は用うるなかれ。（地水師《ちすいし》）

戦《いくさ》が終わると功績があった者を諸侯《しょこう》に取り立て、また官職に命ずる。しかしその時、功績があったとしても、小人は重用してはならない。

これは人材登用の鉄則として用いられてきた言葉。古くは『書経《しょきょう》』にも同様の言葉がある。功績をあげても、自分の利益だけを考え、人からの信頼を得ない小人は、必ず国を乱す。ゆえに金銭をもって賞すにとどめ、大任を与えてはならないのである。

14日　夬《さ》るべきを夬《さ》る

頄《つらぼね》に壮《さか》んなり。凶あり。君子は夬《さ》るべきを夬《さ》る。（沢天夬《たくてんかい》）

沢天夬《たくてんかい》の卦《か》は、小人を排除する時を説くが、そこで注意すべきことがある。

「頄《つらぼね》」とは頬骨《ほおぼね》。排除するべき小人に対して攻撃心が顔に出てしまうと、覚《さと》られて大失敗するといっている。

小人は敏感に機を感じる。ゆえに決心は固くとも隠忍自重《いんにんじちょう》して顔に出さないようにする。相手はもちろん、味方さえも欺《あざむ》くかのようにして時を窺《うかが》い、排除するべき時を観て、除かなくてはいけない。

15日　釣瓶《つるべ》を壊す

ほとんど至らんとして、またいまだ井《せい》に繘《つりいと》せず、その瓶《つるべ》を羸《やぶ》るは、凶なり。

（水風井《すいふうせい》）

水風井《すいふうせい》は井戸の性質、その用い方を説く卦《か》。そこから組織の人事や管理についての教えを得ることができる。

井戸は川や泉と違い、人の手によって築かれる。水を汲むには管理が必要である。「井」という字は古字では「丼」と書く。真ん中の「丶」は井戸の釣瓶《つるべ》である。

立派な井戸があっても、水を汲み上げる釣瓶が水面に届かないとか、縄が途中で切れるとか、瓶が壊れるなどしたら、水は汲み上げられない。井戸は用をなさず、死活問題になる。

井戸の構造、効用から会社組織を考えるならば、井戸の底は新鮮な水が湧き出す現場で、内壁は中間管理職や取締役にあたる。経営者の役目は全体を把握することである。深くまで目を行き届かせるためには、しっかりとした管理体制が必要になる。

人々を養う水は澄んでいるか、優れた人材が用いられているか、釣瓶が至らないような怠慢や釣瓶を壊すような不正はないか、常に管理を怠ってはならない。

16日 土台を築く

上《かみ》はもって下《しも》を厚くし宅《たく》を安《やす》んず。
（山地剥《さんちはく》）

山地剥《さんちはく》の卦《か》は、高い山が土台から崩れることを示している。そこから、高い地位にいる人が追い落とされる時を説く。

「宅」は自分のいるべき場所。指導者など上の地位にいる人が為すべきことをするには、下の人との信頼を深める必要がある。そうすれば、自分の部下や、国であれば国民を、しっかりと安定させることができる。

基盤が安定していなければ、地位は保てず、必ず組織は崩れてしまう。

17日 咸臨《かんりん》

咸《かん》じて臨《のぞ》む。貞《てい》にして吉《きつ》なりとは、志正《せい》を行うなり。
（地沢臨《ちたくりん》）

「咸臨《かんりん》」は上に立つ者、下にいる者、君臣が心で感じ合い、一致協力して事に臨んでいくこと。それぞれが悦《よろこ》んで応じ合い、正しい道を行き、志を行う。そのゆえに吉なりとある。

万延《まんえん》元年（一八六〇年）、日本人初の太平洋横断を成し遂げた咸臨丸《かんりんまる》（艦長・勝《かつ》海舟《かいしゅう》）の船名はここからとった。太平洋横断という大事業を成し遂げるには、全員の協力が欠かせないことからの命名であろう。

18日　節《せつ》度《ど》

節《せつ》してもって度《ど》を制《せい》すれば、財を傷《やぶ》らず民を害せず。（水沢節《すいたくせつ》）

節するに度を弁《わきま》えたならば、過不及《かふきゅう》なく財を守り、人に迷惑をかけることもない、といっている。竹は節目《ふしめ》で一度塞《ふさ》がり、また通る。程よい節《ふし》を設けることで、真っ直ぐに生長していく。

そこから「節《せつ》」には、程良く節する、また物事の通塞《つうそく》を知り出処進退を弁えるという意味がある。

会社組織も家庭も、「節《せつ》」によって経済は守られるのである。

19日　分相応《ぶんそうおう》

君子もって思うことその位《くらい》を出《い》でず。（艮為山《ごんいさん》）

君子は自分の思いが分限や器量（位）に止まり、力量以上のことをいたずらに欲しない。

そういう姿勢に徹すれば、自然に「これは自分らしくない」と、本来の自分に相応《ふさわ》しいところに思い止まることができる。

艮為山《ごんいさん》は止まる時を説く卦《か》。分相応であることの大切さを教えている。

20日　助けを求めて吉

馬に乗りて班如《はんじょ》たり。婚媾《こんこう》を求めて往けば、吉《きつ》にして利《よ》ろしからざるなし。（水雷屯《すいらいちゅん》）

何とかしなければと馬に乗ったものの、自らの力不足を知って、地位が下の英傑《えいけつ》に助けを求めるのは吉である。

これは新しい物事の始め、また新たな改革を行う時は新しい知識や方法が必要であることを教えている。

「班如《はんじょ》」とは引き返すこと。「婚媾《こんこう》」は婚姻を意味するが、ここでは下位の人に助けを乞うという意味。

21日　学問とは

学《がく》もってこれを聚《あつ》め、問《もん》もってこれを辯《わか》ち、寛《かん》もってこれに居《お》り、仁《じん》もってこれを行う。（文言伝《ぶんげんでん》）

「学問」という言葉の出典。「これ」とは徳のこと。

「学問」とは、学び、そして書物や師に問い、自問し、為すべきことを弁別《べんべつ》すること。そして、学んだことを会得《えとく》したら、「こうでなくてはいけない」と狭量《きょうりょう》にならず、人にも自分にも物事にも、寛容《かんよう》な心で思いやりをもって実行することが肝要《かんよう》である。

22日　苦しみに習う

水洊《しき》りに至るは習坎《しゅうかん》なり。君子もって徳行《とっこう》を常にし、教事《きょうじ》を習う。（坎為水《かんいすい》）

「水」は苦難、険難を表す。「水洊《しき》り」とは、険難が次々に流れて押し寄せてくる様子をいう。

その度に自ら険難を受け容れ、水に逆らわずに流れ進むように、何度も繰り返し苦しみを習う。これを習坎という。

君子とは、度重なる苦しみの中にあっても逃げず、止まらず、前に進み続けるのを常にし、下の人に教え、習熟させる者である。

23日　悦《よろこ》びは志を叶《かな》える

説《よろこ》びてもって貞《てい》なるに利《よ》ろし。ここをもって天に順《したが》い人に応ずるなり。（兌為沢《だいたく》）

悦《よろこ》んで進む時、志は通る。ただし、悦びにも正と不正がある。賄賂《わいろ》で喜ばせて物事を通すのは、道に反する。事を行うには、天の道に順い、人の誠心に一致していなくてはいけないのである。

兌為沢《だいたく》の卦名《か》「兌」は沢。つまり兌為沢は沢が二つ連なった卦で、悦ぶ、悦ばせるという意味がある。また、「兌」の字は、天の気が降りてきて祈りを聞き届けるということを示す象形《しょうけい》になっている。

24日 損益盈虚《そんえきえいきょ》

損益盈虚《そんえきえいきょ》は、時と偕《とも》に行わる。（山沢損《さんたくそん》）

この卦は、収入より支出が多い時は、いくらケチといわれようとも、徹底的に質素倹約に勉《つと》めることだと教える。その一方で、しかし、それも時によってであり、利益がある時には利益を還元すべきであるともいっている。

目の前の利益を増やすために、いかなる時も節約・倹約することは、真の「損」ではない。損すべき時に損すべき損をせよ、と山沢損《さんたくそん》の卦《か》は教えている。

25日 損益を考えて動く

益《えき》は動きて巽《したが》い、日に進むこと疆《かぎ》りなし。天は施し地は生じ、益《ま》すこと方《ほう》なし。およそ益《えき》の道は時と偕《とも》に行わる。（風雷益《ふうらいえき》）

風雷益《ふうらいえき》の卦《か》の「風」は従う、「雷」は動くという性質を持つ。時や状況に対して従順かつ積極的に行動すれば益《えき》をもたらし、日々限りなく物事は進む。

「益《ま》すこと方《ほう》なし」とは、天地が万物を生ずるように、遍《あまね》く益《ま》すこと。ただし、益す一方ではない。益《えき》の道は損の道と一対になって循環するから、時に応じて損と益を考えて行動すべきであると教えている。

26日 泰平《たいへい》は傾く

平《たい》らかなるものにして陂《かたむ》かざるはなく、往《ゆ》くものにして復《かえ》らざるはなし。艱《くる》しみて貞《てい》にすれば咎《とが》なし。恤《うれ》うるなかれ。それ孚《まこと》あり。（地天泰《ちてんたい》）

平らなものは必ず傾き、去ったはずの閉塞《へいそく》の時代は必ず復ってくる。

泰平《たいへい》の時はとかく安易に考え、安泰が永遠に続くという錯覚に陥りやすい。泰平の世を傾かせるのは、そういう怠りと油断、危機管理能力の欠如《けつじょ》である。

時は生々流転《せいせいるてん》して、一時として変わらないものはない。盤石《ばんじゃく》の安泰はなく、人の心も、世の中も時とともに変わっていく。しかし、日々緊張感をもって労を尽くせば、安泰を長く保てる。

「恤《うれ》うるなかれ。それ孚《まこと》あり」とは、泰平はいずれ傾くとはいえ、不用意に不安や憂いを抱く必要はなく、健全な危機感を持てばいい、という教えである。

27日 包《つつみ》に魚《うお》あり

包《つつみ》に魚《うお》あり。咎《とが》なし。（天風姤《てんぷうこう》）

天風姤《てんぷうこう》の卦《か》は勢いが盛んな時にも陰が忍び寄ることを説き、禍《わざわい》の要因への対処法を教える。たとえば、事業が好調な時は、「好事、魔多し」で、うまい儲《もう》け話に乗って失敗しやすい。こういう時ほど、慎重に判断し、的確に対処すべきであるとする。

「魚」は禍の要因となる陰を表す。うまい話を受け容《い》れたとしても、包むようにして、それ以上、大きく広げない。つまり、外に影響を及ぼさない程度につきあう。そうであれば咎《とが》めは受けないといっている。

28日 童牛《どうぎゅう》の牿《こく》

童牛《どうぎゅう》の牿《こく》は、元吉《げんきつ》なり。（山天大畜《さんてんだいちく》）

子牛の角に横木をつけるのは、大いに吉である。

「牿《こく》」とは、牛の角の形を矯正するためにつける添え木。鋭い角に突かれて怪我をしたり命を落としたりしないように、角がまだ固まりきらない子牛のころに、添え木をして形を整えることをいっている。

これは、先々を見越して、悪い癖は子供のうちに直しておくほうがいいという喩《たと》えとなっている。

29日　時《じ》義《ぎ》

「時義《じぎ》」とは時の意義。経験することに大変重要な意味がある時、適《かな》ったことをしなければ何も動かない時、非常に注意して扱うべき時に用いる言葉である。

「義」は正義の義。無駄を省き、実となるものだけを取り出す。収穫の際の伐採の意味がある。

悩み苦しみ、迷う時は、必ず学ぶべき意義がある。その時の環境や状況に負けずに学び、決断し、行動する意義を考えるならば、道は切り開ける。

30日　時《じ》用《よう》

誰でも艱難辛苦《かんなんしんく》は経験したくない。避けられるものなら避けたいものである。

「時用《じよう》」とは、あえて用いたくない険難《けんなん》の時を用いること。要するに、その険難の時に相対し、逆境を活《い》かすのである。

逃げ出さずに苦しみの時に向かい合い、乗り越えたならば、大いなる教訓を得る。それがその後の人生に大きな効用をもたらすことがしばしばある。

艱難辛苦の時を用いることは人間を成長させる糧《かて》となるものである。

7月

天行《てんこう》は健《けん》なり。
君子もって自彊《じきょう》して息《や》まず。

1日「機《き》」を自在に用いる

天に先立ちて天違《たが》わず、天に後《おく》れて天の時を奉《ほう》ず。しかるをいわんや人においてをや。
（文言伝《ぶんげんでん》）

私心なく物事を客観視するならば、時の兆しを観て、先立って行動しても、天の時とぴったり順応する。また時に後れても天の理《ことわり》に従い行えば、道を外れない。天の時さえ違わないならば、人はいうまでもなくその行いに従う。

「天の時」は、わかりやすくたとえると春夏秋冬の循環のこと。易経は四時《しいじ》（春夏秋冬）をよく見て、それに習い、従いなさいと繰り返し説く。人生にも物事にも、天の時、天の理に従ったしかるべき順序がある。

しかし、人は欲や私情によって、物事の順序、情理を見失いがちである。何か問題が起きた時、壁にぶつかった時には、冬に種を蒔《ま》くようなことをしていないか、夏が終わろうというのに、まだ伸びようとしていないか、しかるべき順序に従っていたかどうかを考えてみることだ。それができてはじめて、「機《き》」を掴《つか》み、「機」を自在に用いることができる。

2日　自彊不息《じきょうやまず》

天行《てんこう》は健《けん》なり。君子もって自彊《じきょう》して息《や》まず。

（乾為天《けんいてん》）


　天の働きは健やかで一日も止まない。それに倣《なら》って「自彊《じきょう》して息《や》まず」、自ら強く励み、努めて止まないことが大切である。

　自分を活かすのは何といっても自分自身であり、他の誰かが助けてくれたとしても、それはきっかけにしかならない。ゆえに、まずは自分で自分を立てることから始めなくてはならない。継続して癖付けをしていくことによって、物事は成り立っていくのである。

3日　厚徳載物《こうとくさいぶつ》

地勢《ちせい》は坤《こん》なり。君子以《もっ》て厚徳《こうとく》もて物を載《の》す。

（坤為地《こんいち》）


　地は、形あるものすべてを限りなく載せている。大地の形勢、態勢は限りなく層が厚い。また、徳の厚み（厚徳《こうとく》）とは、受容の大きさ、深さ、そして度量の大きさをいうものである。

　万物を育む大地に習い、層の厚い、度量の大きい人間であれ、ということである。

4日　限りない受容

貞《てい》に安《やす》んずるの吉《きつ》は、地の疆《かぎ》りなきに応ずるなり。（坤為地《こんいち》）

陰陽の「陰」の徳は、大地の営みに喩《たと》えられる。天は広く限りなく、その恵みを地上に与える。大地は天の無限の力を受け入れて、地上に万物を形成、育成し、生み出し、また恵みを天に還元する。その力もまた限りがない。

人間もこれに習って、大きく広く受容するならば、より多くを生み出し育む力量が育つ。

5日　大器晩成《たいきばんせい》

天の衢《ちまた》を何《にな》う。亨《とお》る。（山天大畜《さんてんたいちく》）

「衢《ちまた》」とは十字路。「天の衢《ちまた》を何《にな》う」とは、四通八達《しつうはったつ》、広大無辺な天の十字路をその背に負うこと。つまり、蓄積したものの完成を意味し、縦横自在に大きな働きを為すことを表している。

能力を縦横自在に発揮できるのは、大きな蓄積があればこそ。天才は努力によって引き出されるのである。

大器《たいき》は晩成《ばんせい》す。困難や挫折を幾度も乗り越え、大きな力を蓄えることで、本来持つ無限の飛躍の時を迎えることができる。

6日　自分の道を守る

立ちて方《ほう》を易《か》えず。　（雷風恒《らいふうこう》）

「方《ほう》」は理・道をいう。雷風恒《らいふうこう》の卦《か》は一定の理を貫き、極まりなく変化成長していくことを説いている。

「立ちて方《ほう》を易《か》えず」とは、一旦《いったん》志を立てたならば、しっかりと自分を確立して、グラついたりしない。何があっても自分の道を守りぬくこと。

人は飽きると変化を求めるが、本来は毎日同じことの繰り返しの中で変化し、成長を遂げるものである。

7日　安全策を取る

蹇《けん》は、西南に利《よ》ろし。東北に利《よ》ろしからず。　（水山蹇《すいざんけん》）

水山蹇《すいざんけん》の「蹇」は、険難に阻《はば》まれ、足も凍《こご》えたようになり、前に進もうにも進めない状況を表す。

険難から脱するにはどのようにすべきか。西南は「坤《こん》」で平地を意味し、理に適《かな》った無理のない道、方策である。

東北は「艮《ごん》」で山を意味し、険しく、危険がともなう道である。

険難の時は、無理をせず、回り道と思われても安全策を取ることだと教えている。

8日 謙《けん》は亨《とお》る

謙《けん》は亨《とお》る。（地山謙《ちざんけん》）

君子の徳の中で最も高い徳とされているのが「謙《けん》」、謙虚、謙譲、謙遜の徳である。

古来、謙虚さは美徳とされ、社会的マナーや礼儀のようになっているが、うわべだけ謙《へりくだ》った態度を装うこととは違う。

抱いている志が偉大であればあるほど、人は謙虚になる。慢心せず、自然に身を低く小さくする。

自分の綻《ほころ》びが見えて、補おうとする心が「謙」である。謙虚さを持続したならば、志は通る。

9日 有終の美

君子は終《お》わりあり。（地山謙《ちざんけん》）

「終《お》わりあり（有終）」とは初志を変えず、一貫して物事を成し遂げ、終わりを全《まっと》うすること。

名声などない時は心から謙虚になれるが、成功して高位に上りつめると、知らぬうちに慢心が現れる。

しかし、まだまだ自分は事足りていないと分かっていれば、最後まで謙虚さを保ち続けることができるはずである。そのような姿勢を貫くならば、有終《ゆうしゅう》を迎えることができる。

10日 言語を慎《つつし》み、飲食を節《せっ》す

君子以て言語を慎《つつし》み、飲食を節《せっ》す。（山雷頤《さんらいい》）

言語を慎んで徳を養い、飲食を節して体を養う。

言語も飲食も、量と質を考えなくてはならない。暴言は人間関係を損ない、暴飲暴食は健康を損なう。言語・飲食ともに程良く慎み、節することが大切である。

山雷頤《さんらいい》の卦《か》は「養う」ことを説いている。「頤」は顎《あご》、口であり、食べ物を入れ、また言葉を発する場所である。

11日 飲食宴楽《えんらく》

雲の天に上るは需《じゅ》なり。君子もって飲食宴《えん》楽《らく》す。（水天需《すいてんじゅ》）

雲が天にあって、もうすぐ待望の雨が降る。それを待つ間は、酒食に呆けるのでなく、焦らずに楽しみながら悠々と待つことである。

そのためには、リーダーたる者は常に需要を満たしておくことが肝心。不況や干ばつ時でも充分な蓄えをしておけば、飲食に困らずに状況の変化を待つことができる。

水天需《すいてんじゅ》は「需《ま》つ」「待つ」こと、そして飲食の道を説く卦《か》。

12日 蒙《もう》を啓《ひら》く

我《われ》より童蒙《どうもう》に求むるにあらず。童蒙《どうもう》より我《われ》に求む。（山水蒙《さんすいもう》）

「山水蒙《さんすいもう》」は啓蒙《けいもう》、教育の基本姿勢を説いている卦《か》。「我」とは教える側、師の立場。「童蒙《どうもう》」は幼く蒙昧《もうまい》な者、学ぶ側にあたる。

啓蒙は、師のほうから「教えるから学んでくれ」というのではなく、学ぶ側から「知りたい、学びたい」と教えを求めることから始まる。

知的欲求がなければ、いくら教えても吸収しないが、知識に乾いたときは、熱心に多くを吸収する。

学ぶ側の一心の求めに対して、師も一心に応えることでさらに内容が深まり、相乗効果が働いて、一層充実してくる。学びたい、知りたいと求める時に、蒙《もう》は初めて啓《ひら》けるのである。

13日 一足飛びは危険

飛鳥《ひちょう》もって凶なり。（雷山小過《らいさんしょうか》）

この「飛鳥《ひちょう》」とは、まだ実力も経験もない者が縁故《えんこ》を使って一足飛びに立身しようとすることの喩え。

少し才能を認められただけで、高みまで行けると勘違いをする。そして欲に駆られ、時に逆らい、分限を忘れてしまうと、結果として凶になる。

少しく過ぎる時を説く雷山小過《らいさんしょうか》の卦《か》では、自分の力量、分限、そして時を大きく行き過ぎると禍《わざわい》になると教えている。

14日 分不相応《ぶんふそうおう》が招く災難

負《お》い且《か》つ乗り、冦《あだ》の至るを致《いた》す。（雷水解《らいすいかい》）

荷物を背負い、馬車に乗り、強盗に襲われる、という意味。これは実力のない者が分不相応な高い身分に就《つ》くことに喩《たと》えられる。分不相応であるが故《ゆえ》に世間から好奇の目で見られて、位を奪われるということである。

分に過ぎた地位にいることは、自分から災難を招くようなものだと教えている。

15日 小を積み重ねる

徳に順《したが》い、小を積みてもって高大《こうだい》なり。（地風升《ちふうしょう》）

地風升《ちふうしょう》は昇り進む時を表す卦《か》である。「升」とは小さな芽が昇り進んで、大木に成長することを意味する。

昇り進むためには、徳を養い、些細《ささい》に見えても小さな事を日々刻々積み重ねていくことだ。

そうすれば、いつの間にか、高く、大きく成長する。

16日 苦しみを楽しむ

険の時用《じよう》大いなる哉《かな》。（坎為水《かんいすい》）

坎為水《かんいすい》の「坎」「水」は険難・苦難を表す。壮絶な険難が度重なる時である。

険難という時は用い難いが、あえて用いて学ぶことを「時用」という。これは人生において絶大な効用があると教えている。

孔子は『論語』の中で「知者は水を楽しむ」と説いている。「苦しみを楽しむ」など非常なる苦しみの渦中にあっては考えられないが、逃げずに乗り越えた後に振り返れば、あの苦難は大いなる時であったとさえ思える、と易経はいうのである。

17日 疾風迅雷《しっぷうじんらい》

風雷《ふうらい》は益《えき》なり。君子もって善を見ればすなわち遷《うつ》り、過《あやま》ちあればすなわち改《あらた》む。

（風雷益《ふうらいえき》）

激しく吹く風と轟《とどろ》く雷。これに倣《なら》って、人の善い所を見たら風のように速やかに移り学び、自分に過失があったなら、雷のように決行して改めよ、と教えている。

それは自分だけの益に止まらず、他人にも益をもたらすことになる。

18日 耳目聡明《じもくそうめい》

巽《そん》にして耳目聡明《じもくそうめい》なり。

（火風鼎《かふうてい》）

火風鼎《かふうてい》の「鼎《かなえ》」は、天への供物を煮炊《にた》きする大鍋である。重要な祭器であり、古代中国では国威を表す象徴であった。そこから統治者の実力や国家権威を疑うことを「鼎《かなえ》の軽重《けいちょう》を問う」というようになった。

鼎は王が賢人に饗《きょう》する際にも用いられた。賢人が多く集まれば鼎は重く大きくなる。

「巽《そん》」は従順、謙虚。リーダーが謙虚に賢人の意見に耳を傾け、「耳目聡明《じもくそうめい》」であれば、国の権威は保たれ、鼎の軽重を問われることはない。

19日 リーダーと組織

陽卦《ようか》は陰《いん》多く、陰卦《いんか》は陽《よう》多し。

（繫辞下伝《けいじかでん》）

優れた能力や技術を持つ一人のリーダー（陽）には、その力に頼り従う人々（陰）が集まる。また、人を育てる包容力のあるリーダー（陰）には、優れた能力の人々（陽）が集まる。

すべての組織、集団の中では少数の者が中心勢力となって、多数の者を指導することで組織が成り立ち、バランスが保たれる。

しかし、指導者が多くなる時は争いが起こる。

20日 道を知らず

仁者《じんしゃ》はこれを見てこれを仁《じん》と謂《い》い、知者《ちしゃ》はこれを見てこれを知《ち》と謂《い》い、百姓《ひゃくせい》は日に用いて知らず。故《ゆえ》に君子の道は鮮《すくな》し。

（繫辞上伝《けいじじょうでん》）

「これ」とは一陰一陽《いちいんいちよう》の道。一陰一陽の成す道は中庸《ちゅうよう》である。仁者はそれを仁愛《じんあい》の道といい、知者は智慧《ちえ》の道という。

優れた識者でも、とかく自分の視点の一端に偏《かたよ》ってしまう。また一般大衆は日常、無意識に陰陽の理《ことわり》を用いて生きているが、それが何かを知らない。それ故《ゆえ》、道全体を明確に把握して用いる者は少ないのである。

21日　損して得をとる

損《そん》は、下《しも》を損《へら》して上《かみ》に益《ま》し、その道上行《じょうこう》す。（山沢損《さんたくそん》）

山沢損《さんたくそん》の「損」は損する、減らすこと。何のために損をするのかといえば、「その道に上行する」自らのステップアップのためである。この損は自分の先行きに投資することと考えればよい。

資格を取得するために学費を払って勉強する。あるいは、出資が多くても良い仕事をして取引先に利益をもたらし、いずれ相応の利益を得るように努力する。

いずれも上昇のための「損」である。

22日　利益を還元する

益《えき》は、上を損《へら》して下を益《ま》す。民説《よろこ》ぶこと疆《かぎ》りなし。（風雷益《ふうらいえき》）

風雷益《ふうらいえき》の卦《か》は山沢損《さんたくそん》の卦《か》と「損益《そんえき》」で一対になり、経済の基本ともいうべき循環の法則を学ぶことができる。

山沢損の卦は、民が質素倹約して国益をもたらす。これに対して風雷益の卦は、国が民を助けて富ませようとする。民は喜び、その結果、国も民も限りなく利益を生ずる。「能《よ》く損すれば即ち益《ま》す」という言葉があるが、利益を還元しない国家、会社組織はいずれ倒れることになる。

23日 矛盾論の実践

天地は睽《そむ》けどもその事同じきなり。男女は睽《そむ》けどもその志通ずるなり。(火沢睽《かたくけい》)

天と地の性質は全く異なりながら、その働きは万物を生じさせ化育《かいく》する点で同じである。男と女も相反しているが故に、求め交わり、通じ合える。

ここには、万物は背き合うことにより統一され進歩していくという中国的弁証《べんしょう》法、矛盾論の実践が説かれている。

火沢睽《かたくけい》の卦《か》の「睽」は背く、反目する、疑う、同じ方向を持たないという意味。

24日 閉塞《へいそく》の時代

否《ひ》はこれ人に匪《あら》ず、君子の貞《てい》に利《よ》ろしからず、大往《だいゆ》き小来《しょうきた》るとは、すなわちこれ天地交わらずして万物通ぜざるなり。(天地否《てんちひ》)

天地否《てんちひ》の卦《か》は閉塞《へいそく》の時代を表す。陰陽が交わらず、人々は背き合い、何も生まれないから、国も家庭も崩壊する。まさに暗黒の時代である。

「否」は、儀式の際に神に捧げる祝詞《のりと》の入れ物の「口」に「不」、つまり蓋《ふた》をして、天との交流を断絶するという字。天との交流を断つのは人でなしのすること。天地否の時代は人災によりもたらされる。

25日　腐敗を正す

甲《こう》に先立つこと三日、甲《こう》に後《おく》るること三日。
（山風蠱《さんぷうこ》）

山風蠱《さんぷうこ》の「蠱」は、皿に虫がわく象形。組織の壊乱《かいらん》腐敗を意味している。山風蠱は、それを正す方法を説いている卦《か》。

「甲《こう》」は腐敗を一掃する時。「三日」とあるが、三日に限るわけではない。腐敗を改めるには、まず原因を探り、熟考して準備をし、決行後の将来を見据えて、収拾までの手順を丁寧に踏まなければならない。

腐敗は一朝一夕に起こったのではない。正すには遠大な計画が必要なのである。

26日　碩果《せきか》食われず

碩果《せきか》食われず。
（山地剥《さんちはく》）

「碩果《せきか》」とは、大きく実った果実のこと。山地剥《さんちはく》の卦《か》は小人がはびこり、君子が追い落とされるような非道《ひどう》な時代を表すが、そんな混乱した中にあっても、大いなる果実は食い尽くされずに残っている。一度地に落ちるが、それによって芽が生じ、また発展するのである。

この果実は傑物や蓄財などと考えてもいい。そうした大きな原動力が残ってさえいれば、乱れた後の世の中は泰平《たいへい》の時代になっていくことを示している。

27日 戦いの勝ち方

万邦《ばんぽう》を懐《なつ》くるなり。

（地水師《ちすいし》）

戦争の勝ち方を説いている言葉。戦争をする際は、戦った国々を味方にしていくような勝ち方をするべきである。勝って相手を殺すのでは、戦後の繁栄はありえない。

これは現代社会でも通用する。経済競争でも相手を潰すのではなく、相手を生かす勝ち方を考えなくてはならない。

そのためには勝ち取った利益を還元し、人々の賛同を得る努力をすることである。利益を独り占めしようとすれば、それ以上の成長は望めない。

28日 直《ちょく》・方《ほう》・大《だい》

直方大《ちょくほうだい》なり。習《なら》わずして利《よ》ろしからざるなし。

（坤為地《こんいち》）

「直《ちょく》」は、素直、実直、真っ直ぐに進む。「方《ほう》」は正方形の意で、方正、また東西南北、四方八方に広がる様子。「大《だい》」は遍《あまね》く盛大に。直方大《ちょくほうだい》は天に従い、万物を受容して遍《あまね》く育成する「地」の徳である。

教えられたことを私情や理屈で曲げずに、素直に受け入れて実践できる人は、知恵の一滴を与えられただけでも、習わずとも広大に伸びていく、といっている。

29日　麗《り》沢《たく》

麗沢《りたく》は兌《だ》なり。君子もって朋友《ほうゆう》講習す。

（兌為沢《だいたく》）

兌為沢《だいたく》の卦《か》は沢が二つ重なった象《しょう》を持つ。「麗」は付く、並ぶ。二つの沢が地下水脈で通じて互いの沢を潤《うるお》し、枯れることがない。同じように、君子は心の通じる友である「朋友《ほうゆう》」とともに切磋琢磨して、「講」知らなかったことを学んで知り、「習」すでに知っていることを繰り返して、身に付けていく。

学校関係の団体や寮に「麗澤《れいたく》」という名が多いのはこの言葉に由来している。

30日　時の三要素

易経の表す「時」とは、時間だけでなく空間をもいう。

・時（時間）
・処（場、環境、状況）
・位（立場、社会的地位）

この三位一体の時を表している。

いいかえれば、時は「天」であり、処は「地」であり、位は「人」にあたる。

したがって、物事の対処にあたっては、今という時、環境、立場にあって、どうするべきかを考えなくてはならない。

31日 洞察力を養う

洞察《どうさつ》とは物事の裏にある本流を見抜くこと。また、外側に現れない人の心、内面の動きを読むことも洞察である。

洞察力を説く風地観《ふうちかん》の卦《か》には、洞察に至る段階が次のように記されている。

第一「童観《どうかん》す」——幼い子供の目。何が起きているかという現象だけを観《み》る。

第二「窺《うかが》い観る」——人の見解を聞いて物事を窺い知る。広く世間を知らず、小さな視野で物事を観る。

第三「我が生《せい》を観る」——主観的に観る。自分を省みて、出処進退の行動を判断するが、まだ客観視には至らない。

第四「国の光を観る」——物事を客観視できる段階。国民のささいな表情やしぐさから、その国のリーダーのあり方、国全体の情勢を察する。表面にとらわれず物事の質を観る段階である。

第五「民を観て我が生を観る」——起こっている物事を写し鏡のように観、物事全体を正しく導くために何をすべきかを知る。

要するに、現象だけを観る、人の話から物事を窺い観る、自己中心的に物事を観る段階では洞察には及ばない。深い洞察のためにはまず、全体を広く客観視する大局観を養わなくてはならないのである。

8月

潜《せん》龍《りゅう》用《もち》うる勿《な》かれ。

1日 生々発展《せいせいはってん》の六段階

時に六龍《りくりゅう》に乗り、もって天を御《ぎょ》す。（乾為天《けんいてん》）

龍は雲を呼び、雨を降らすといわれる。そこから龍は「天」と「陽」を象徴する生き物とされる。

易経六十四卦《か》の乾為天《けんいてん》の卦《か》には、龍になぞらえて、志の達成までの変化の過程が次の六段階で記されている。

○第一段階「潜龍《せんりゅう》」高い志を描き、実現のための力を蓄える段階。
○第二段階「見龍《けんりゅう》」基本を修養する段階。
○第三段階「君子終日乾乾《しゅうじつけんけん》」創意工夫し、独自性を生み出そうとする段階。
○第四段階「躍龍《やくりゅう》」独自の世界を創る手前の試みの段階。
○第五段階「飛龍《ひりゅう》」一つの志を達成し、隆盛を極めた段階。
○第六段階「亢龍《こうりゅう》」一つの達成に行き着き、窮まって衰退していく段階。

この六段階を「六龍《りくりゅう》」という。この六つの過程は朝昼晩、春夏秋冬の変化過程と同じであり、大願成就《たいがんじょうじゅ》の天の軌道である。

その時その時に応じた働きがあり、その力を使いこなし、大いなる働きを成していくのである。

2日　雌伏《しふく》の時――潜龍《せんりゅう》用うる勿《な》かれ

潜龍用《せんりゅうもち》うる勿《な》かれ。（乾為天《けんいてん》）

潜龍《せんりゅう》とは潜んでいる龍。才能を秘めながらまだ世に現れていない下積みの時代の君子を喩えた言葉である。

「潜龍用《せんりゅうもち》うる勿《な》かれ」とは、いくら才能があったとしても、この段階にある人を重用《ちょうよう》してはならないという教えである。焦って早成を求めると必ず失敗してしまう。

また、自分が潜龍の段階にあるならば、ひたすら力を蓄える時と自覚することが大切であり、力を外に向かって誇示しようとしてはならないということになる。

3日　確乎不抜《かっこふばつ》

確乎《かっこ》としてそれ抜くべからざるは、潜龍《せんりゅう》なり。（文言伝《ぶんげんでん》）

「それ」とは志である。不遇な潜龍《せんりゅう》の時代こそ、しっかりと志を抱き、どんなに苦しくても動かさない。

えてして志というものは、挫折感を味わうとしぼんだり、失ったりしてしまう。また逆に、地位を得ると、変容・変質していくものである。

しかし、どんなに道が厳しくても、志を変えないことが原点。すべては志から始まることを肝に銘じなくてはいけない。

4日 龍徳ありて隠れたる者

龍徳《りゅうとく》ありて隠れたる者なり。世に易《か》えず、名を成さず、世を遯《のが》れて悶《うれ》うることなく、是《ぜ》とせられずして悶《うれ》うることなし。（文言伝《ぶんげんでん》）

潜龍《せんりゅう》は世に潜み隠れるように修養を積む。世の流れが変わっても志を変えず、名を成そうともしない。また、認められなくとも悶々としない。

無理に世に出ようとせず、来るべき時に備え、ひたすら修養に励み、志を不動のものにし、実力を蓄える期間が人間には必要である。

5日 基礎を学ぶ ——見龍《けんりゅう》の時代

見龍田《けんりゅうでん》に在り。（乾為天《けんいてん》）

「見龍《けんりゅう》」とは、地中に潜み隠れて、志を養った潜龍が地上の水田に表れたという段階。

「見龍」とは見て学ぶ龍、見習う龍である。何を学ぶかというと「田の耕作」を学ぶ。春夏秋冬、その時々に何をするべきかという物事の基礎を、師から学ぶのである。

基礎を学ぶ時は見様見真似に行うことが最も大切。とにかく徹底的に師のコピーに徹することによって、しっかりとした基礎を身につけなくてはいけない。

6日　独自性を生み出す
――君子終日《しゅうじつ》乾乾《けんけん》

君子終日《しゅうじつ》乾乾《けんけん》。（乾為天《けんいてん》）

「君子終日《しゅうじつ》乾乾《けんけん》」とは、朝から晩まで一日中怠りなく、積極果敢《かかん》に前向きに物事を推進していくこと。

それによって独自の技能や技術、創意工夫を生み出すことができるということを教えている。

「乾乾《けんけん》」は、乾という陽の気が二つ重なっているところから、繰り返し努力し、一生懸命に事にあたることを表している。

7日　継続は力なり

終日《しゅうじつ》乾乾《けんけん》すとは、道を反復するなり。（乾為天《けんいてん》）

「継続は力なり」で、本物の力をつけるには同じ事を繰り返し繰り返し続けていく必要がある。

「終日《しゅうじつ》乾乾《けんけん》」とは、日々邁進《まいしん》し、手応えをつかみ、充実感をともなって実践していくこと。これを日々繰り返し、反復継続することで物事の道が大きく開けていくことになる。

8日 慎独《しんどく》のすすめ――夕べに惕若《てきじゃく》たり

夕べに惕若《てきじゃく》たり。厲《あやう》けれども咎《とが》なし。（乾為天《けんいてん》）

日中はひたすら前向きに物事を推し進めるが、夜独りになった時には畏れ悩むほどに一日を省みる。そのようであれば、一人立ちしたばかりの危うい時であっても、落ち度があって咎められることはない。

一つの道を究めるためには、自らの危うさに学び、反省することが求められる。

物事の基礎を身につけ、ある程度できるようになると、気が緩み、些細《ささい》なミスを起こすようになる。これを放っておくと重大な事件につながりかねない。

失敗に学べというが、夜独りになった時に、三十分でいいから、細心の注意を払って、その日の自分の行動を省みる。

「今日は本当にこれでよかったのか、もっといい方法はなかったか」と繰り返し反省し、直すべきことがあれば次の日に実践する。このような反省が人間を育て、その人の技術や質に、より一層磨きをかけることになる。

「惕《てき》」とは畏れかしこまり、独りを慎む（慎独《しんどく》）こと。客観視する技術でもある。

9日　時を畏《おそ》れる

故に乾乾《けんけん》す。その時に因《よ》りて惕《おそ》る。（文言伝《ぶんげんでん》）

終日勤勉に努力する。いかなる時も畏《おそ》れ謹《つつし》むことを忘れない。

無駄に時が過ぎるのを惜しみ、今、何をすべきか、その時々に徹して、今という時を活かしきることが大切である。

過ぎてしまった時は二度と戻ってこない。一瞬たりとも無駄にしないために大切なのが、時を畏れるという姿勢である。

10日　機《き》を捉《とら》える——躍龍《やくりゅう》の時代

或《あ》るいは躍《おど》りて淵《ふち》に在《あ》り。咎《とが》なし。（乾為天《けんいてん》）

今まさに大空に舞い上がろうとする龍を「躍龍《やくりゅう》」という。龍が空を飛ぶことは、物事の達成を意味する。そのために、時には飛躍を試み、時には深い淵《ふち》に退《しりぞ》いて初志を違《たが》えていないかと内観《ないかん》する。

物事の達成には、志を立て、学び努力して培った実力と経験に加え、タイミングを観る洞察力が必要となる。勝負の世界では一瞬の機《き》を捉《とら》えられるかどうかが勝敗の分かれ目。事業にもビジネスチャンスがあり、兆《きざ》しを察する力が必要である。

11日　試行の時

或《ある》いは躍《おど》りて淵《ふち》に在《あ》りとは、自ら試《こころ》みるなり。（文言伝《ぶんげんでん》）

ある時は跳躍し、ある時は深く内省して自らを試みる。

目的達成のためには、必ず「試行」が必要である。「試行」とは、多少力足らずと思うことにも取り組んでみること。自分を試し、ここまでやって来たことが間違っていなかったかと省みる。それによって自分自身を試験・評価し、足りないところを補っていくのである。

12日　リーダーの心得——飛龍《ひりゅう》天に在り

飛龍《ひりゅう》天に在り。大人《たいじん》を見るに利《よ》ろし。（乾為天《けんいてん》）

「飛龍《ひりゅう》」は、空を翔け、雲を呼び、万物を育む雨を降らせる。これは多くの力を集め、人間社会に大きく貢献するリーダーになることを意味する。社会的に認められ、お金も儲かり、人も集まってくるようになる。

しかし、こういう時は「好事魔多し《こうじまおおし》」で、尋常ではない勢いもつきやすい。「大人《たいじん》を見るに利《よ》ろし」とは、組織の頂点に達した時こそ驕らず、周りの人、すべてのものから見習うべきだと教えているのである。

13日　森羅万象《しんらばんしょう》に学ぶ——利見大人《りけんたいじん》

見龍田《けんりゅうでん》に在り。大人《たいじん》を見るに利《よ》ろし。
飛龍天《ひりゅうてん》に在り。大人《たいじん》を見るに利《よ》ろし。
（乾為天《けんいてん》）

「大人《たいじん》を見るに利《よ》ろし」という言葉は、修養を始めたばかりの人（見龍《けんりゅう》）にも、社会的地位を得たリーダー（飛龍《ひりゅう》）にも用いられている。

「見」の一字には、見る、見られる、まみえる、出会い、会見といった意味に加え、「聞く」という意味がある。つまり、アドバイスに従い、見て真似るということである。

修養の段階では、師のコピーに徹して、真似して学ぶ、見て体で覚える。そのためには素直に聞くことが大切なのである。

そして社会的リーダー、組織の頂点に立ってからは、人の意見に耳を傾ける。組織の頂点に立つと、えてして人は学ぶ姿勢がなくなり、人の意見を聞かなくなる。しかし、リーダーがその地位を保つには、周りのすべての事象を師とみなし、見聞きして学ぶ姿勢を持つことが欠かせない。その姿勢の有無はリーダーのみならず、組織の存亡をも左右するのである。

14日 正しく中《ちゅう》する者

大人《たいじん》を見るに利《よ》ろしとは何の謂《い》いぞや。子曰く、龍徳《りゅうとく》ありて正しく中《ちゅう》する者なり。（文言伝《ぶんげんでん》）

見習うべき大人とは、「龍徳《りゅうとく》」明らかな志を持ち、「正しく中《ちゅう》する者」であるという。「中」は時の的に中《あた》る。すなわち、その時々にぴったりの言行によって、鋭く物事の的を射て、私事の偏《かたよ》りがないという意味。その時その場面において出処進退を弁《わきま》え、最も適切なことを行うこと。

そんな人の姿勢を見習って、物事の基本姿勢を身につけなくてはいけない。

15日 頂点のその先——亢龍悔《こうりゅうくい》あり

亢龍悔《こうりゅうくい》あり。（乾為天《けんいてん》）

「亢龍《こうりゅう》」は、高ぶる龍。雲を呼び、万物を育む雨を降らせる龍が、空高く昇りつめる。しかし、従う雲が及ばないほどの高みに達してしまったら、もはや雨を降らすことはできない。

誰でも組織の頂点に立つと慢心が生まれる。驕《おご》り高ぶり、周囲の諫言《かんげん》を聞く耳を持たなくなり、努力と反省を怠って、正邪の区別さえつかなくなる。そうなってしまったら、時すでに遅し。あとは地に落ちる降り龍になるしかない。

16日　盛者必衰《しょうじゃひっすい》の理《ことわり》

亢龍悔《こうりゅうくい》ありとは、盈《み》つれば久しかるべからざるなり。（乾為天《けんいてん》）

勢いのある昇り龍も、高みに昇り過ぎれば失墜し、降り龍となって後悔する。満月が必ず欠けるように、物事も盈《み》ちれば、それは久しく続かないということである。

人は運や勢いに任せていると、その時がまるで永遠に続くかのように錯覚する。しかし、満ち足りた時に溺《おぼ》れて、驕《おご》り高ぶれば、得た地位も名誉も長くは続かない。

これは万人にとって戒めとすべき言葉である。

17日　優れたリーダーの条件

群龍首《ぐんりゅうかしら》なきを見る。吉《きつ》なり。（乾為天《けんいてん》）

群がる龍の頭は雲に隠れている。つまり、優れたリーダーは自己主張がなく、圧力をかけず、トップ争いをしないという意味である。リーダーがリーダーたりえるのは、力や威厳があり、人々の頂点にいるからではない。その働きが大義に従うものだからである。それを勘違いして権力を争うようでは、やがて失墜《しっつい》する。

働く人々が圧力を感じず、治められているという意識さえ持たずに、各々の力を発揮して繁栄するよう導くことが大切である。

18日 龍《りゅう》野《や》に戦う

龍《りゅう》野《や》に戦う。その血玄黄《げんこう》なり。象《しょう》に曰く、龍野に戦うとは道窮《きわ》まればなり。（坤為地《こんいち》）

物事を陰陽に分けると、天は陽で地は陰、君主は陽で臣下は陰、夫は陽で妻は陰となる。また、玄《げん》（黒）は天の色、黄は地の色を表す。

陰である臣下があたかも龍（リーダー）のような勢力を持つと、玄（黒）と黄の血みどろの戦いになり、互いに傷つくことになる。自らの立場を忘れ、陰の勢力が増大すると、物事の道は必ず窮まる。

19日 善《よ》き風俗を育てる

賢徳《けんとく》に居《お》りて俗を善《よ》くす。（風山漸《ふうざんぜん》）

国のリーダーが賢明に落ち着いた政治を行えば、天下の風俗をも感化して良いものにする。

「風俗」とは、風が姿なく自在にどこへでも吹き入り込むように、知らず知らずに感化され、変わっていくこと。その結果、気風が育っていくことをいう。

リーダーの姿勢も風と同様で、浸透するように伝わる。国や会社を良化しようと思うのなら、まずリーダー自らが姿勢を正すことが大切なのである。

20日 力小《しょう》にして任《にん》重けれ

徳薄《ひろ》くして位尊《くらいたっと》く、知小《しょう》にして謀《はかりごと》大に、力小《しょう》にして任《にん》重ければ、及ばざること鮮《すくな》し。（繫辞下伝《けいじかでん》）

道徳が薄くて地位だけが高く、少しの智慧で大業を起こし、力が小さいのに責任が重ければ、たいてい禍《わざわい》が及ぶものである。及ばないのは稀であるといっている。

これは、国家でいえば大臣、会社組織でいえば重役の位置にある人についての言葉である。知（智慧）仁（徳）勇（力量）の徳は、どれ一つ欠けても任務を負えない必需《ひつじゅ》の徳である。

21日 時と呼吸を合わせる

小畜《しょうちく》は亨《とお》る。密雲《みつうん》あれど雨ふらず。（風天小畜《ふうてんしょうちく》）

空に黒い密雲が広がって、やがて大雨になる。しかし風が吹いて雲の力を和らげて未だ雨が降らない。

実行している計画が小さな障害で止められるとじれったく、イライラするが、障害がある場合は、一呼吸おくことが大切であり、無理に進めてはならない。

心の柔軟さをもって時を静観し、間合いをとりながら、今一度力を蓄え、最良の時機を見極めることを教える言葉である。

22日 改革の時期を探る

革《かく》は、已日《いじつ》にしてすなわち孚《まこと》とせらる。（沢火革《たくかかく》）

沢火革《たくかかく》の「革」は変革・改革・革命。「已日《いじつ》」とは半ばを過ぎた頃をいう。

改革・変革をするには、古い体制による弊害が及び、その盛りが過ぎた頃の適切な時期に行うのがよい。それならば人々の信任が得られる。

先見の明があれば、早い段階から改革の必要性を察するが、かといって弊害《へいがい》が及ぶ前にと焦っても、時が至らなければ改革は成り立たないものである。

23日 険《けん》にして且《か》つ枕《ちん》す

来《きた》るも之《ゆ》くも坎坎《かんかん》たり。険《けん》にして且《か》つ枕《ちん》す。（坎為水《かんいすい》）

「来《きた》るも之《ゆ》くも坎坎《かんかん》たり」とは、進むも退くも穴に陥るような険難に囲まれている時を表す。このような険難に直面していることを理解しようとせず、身が危うくなっていることに気づかないまま安眠しているようでは、ついに脱することのできない深い穴に陥ってしまう。

険難の時を決して侮《あなど》ってはならないという注意を喚起《かんき》している言葉である。

24日　危機に備える

臨《りん》は元《おお》いに亨《とお》りて貞《ただ》しきに利《よ》ろし。八月に至れば凶あらん。（地沢臨《ちたくりん》）

地沢臨《ちたくりん》は旧暦の十二月、新暦の一月に配当されている卦《か》。これから新しく陽気が大いに伸びゆく時期である。しかし、陽気が盛んになれば、やがて衰える。それが「八月に至れば凶あらん」ということ。

これは危機管理についていっている言葉。これから伸びゆこうとする時に、すでに衰退に備えておかなくてはならないということ。何かあってから対処するのでは遅すぎる。

25日　ボロ布で船底の穴をふさぐ

繻《ぬ》るるとき衣袽《いじょ》あり。終日戒《いまし》む。（水火既済《すいかきせい》）

水火既済《すいかきせい》の「既済《きせい》」はすでに川を渡り終えたという意味で、大業を成したことの喩《たと》え。川を渡るのに用いた舟は古くなり、舟底に穴が空いて浸水してくる。そこで「繻《ぬ》るるとき衣袽《いじょ》あり」ぼろ布を使って穴をふさぎ、終日警戒しなければならない。

本来、大業を成した後は守成《しゅせい》に努め、止まるべき時である。そうせずに、さらに大業を成そうとすれば、必ず物事に破れが生じるという戒めである。

26日 屈伸

尺蠖《せきわく》の屈するは、もって信《の》びんことを求むるなり。龍蛇《りゅうだ》の蟄《かく》るるは、もって身を存せんとなり。（繫辞下伝《けいじかでん》）

「信」は伸びる。「尺蠖《せきわく》」は尺取虫《しゃくとりむし》のこと。尺取虫は身を屈めて伸びて前に進む。前に伸びるために身を屈める。

「龍蛇《りゅうだ》」の龍は潜龍《せんりゅう》。龍や蛇が地中に身を隠すのは、身を保ち、来るべき時の準備をするためである。

屈する、蟄《かく》るるは、エネルギーを溜めること。自分はまだ事足りないと、低く身を屈めれば、次に大きく伸びることができる。

27日 枢機《すうき》

言行《げんこう》は君子の枢機《すうき》なり。枢機の発は栄辱《えいじょく》の主《しゅ》なり。言行《げんこう》は君子の天地を動かすゆえんなり。慎《つつし》まざるべけんや。（繫辞上伝《けいじじょうでん》）

「枢機《すうき》」の「枢」は中枢、最も大切なもの、「機《き》」は精巧な仕組みの要《かなめ》、勘所《かんどころ》である。

リーダーの言葉と行いは、天下の仕組みを動かす、最も大切な要である。

リーダーが褒《ほ》め称《たた》えられるか辱《はずかし》めを受けるかは、その言行《げんこう》によって決まる。

ゆえにリーダーは、その言葉と行いに深く慎まなくてはならない。

28日　飛んで火にいる夏の虫

突如《とつじょ》それ来如《らいじょ》たり。焚如《ふんじょ》たり、死如《しじょ》たり、棄如《きじょ》たり。（離為火《りいか》）

突然として飛んできて、焼かれて、死んで、棄てられる。この一文は「飛んで火にいる夏の虫」という喩《たと》えに使われる。

離為火《りいか》は「火」を表す卦《か》。火は何か付くことで燃えることから、陰の徳である。付き従う精神がなければ、正しく能力を発揮することができない。

勢いに乗って才能を振りかざし、激しさだけで燃えさかろうとすれば、自ら火に焚《た》かれ、一瞬にして明を失うことになる。

29日　怒りと欲は身を滅ぼす

忿《いか》りを懲《こ》らし欲を塞《ふさ》ぐ。（山沢損《さんたくそん》）

山沢損《さんたくそん》の卦《か》名「損」は損する、減らすという意味であるが、これは利益についてだけいっているのではない。

ここでは、自らの心に生じた怒りを静め、欲心を塞《ふさ》ぐことの大切さを教えている。

忿怒《ふんど》と欲ほど自分の徳を破り、身を滅ぼすものはない。だから、身の修養を考える時には、まず怒りや欲を損し減らすべきであるといっているのである。

30日 惜福《せきふく》の工夫

福を惜しむと書く「惜福《せきふく》」とは幸田露伴《こうだろはん》の言葉である。

露伴は、満月はいけないという。我々はともすれば満足しようとし、欠けるものがあれば、それを満たそうと必死になる。

しかし、満ちてしまえば後は欠けていくのが天の道理である。

そこで、自分に与えられた福を享受《きょうじゅ》し尽くさないで、後に残しておく。あるいは、勢いや幸いをすべて使いきらないで、他に及ぼしたり、自ら不足を作り出す。

そうすれば、決して満ちることなく、福が保てる。これが「惜福《せきふく》の工夫」である。

31日 潜龍元年《せんりゅうがんねん》

潜龍《せんりゅう》とは、将来大きく飛躍する大志を抱きながら、世の最下層に潜み隠れる龍のことをいう。

重要なのは志であり、志を抱くことがなければ、何も変化は起こらず、成長や進化もない。

また、志を抱くべきは何も若い世代だけに限らない。年齢に関係なく、新たな変革を起こす志を養うことが大切である。

私は「いつも潜龍元年《せんりゅうがんねん》」と自分に言い聞かせている。この言葉を糧に、初心に帰り、志を培い続けたいと思っている。

9月

二人心を同じくすれば、
その利《するど》きこと金《きん》を断《た》つ。

1日 観光

国の光を観る。（風地観《ふうちかん》）

観光旅行の「観光」の語源になった言葉である

「国の光を観る」とは、一国の風俗や習慣、また民の働く姿を観て、国勢や将来を知ることである。

会社組織でいえば、社員の机の状況を観ただけで、その会社のリーダーのありさまや経営方針を察知するようなものである。

これには深い洞察力が要求される。そのように兆しを察する能力を「観光」という。

2日 親しむ

先王《せんのう》もって万国《ばんこく》を建て諸侯《しょこう》を親しむ。（水地比《すいちひ》）

古代の王は諸侯《しょこう》と親密な関係を築き、国を治めた。「親」の字は、辛（鋭い刃物）で木を切るのを近くで見て、自分も痛く感じること。そこから、親子のように互いに大切に思い、相手の痛みを自らのものとして感じ、助け合う関係を「親しむ」という。

自分の都合のいい相手、ただ楽しいだけの関係は、本来の「親しむ」ではない。

水地比《すいちひ》は、交際の根本的なルールを説いている卦《か》。

3日　天文《てんもん》と人文《じんぶん》

天文《てんもん》を観てもって時変《じへん》を察し、人文《じんぶん》を観てもって天下を化成《かせい》す。（山火賁《さんかひ》）

「天文《てんもん》」とは日月星辰《じつげつせいしん》、春夏秋冬など、天の描く美しい文様。「人文《じんぶん》」は文化・文明。天文の動きを観て、時の変化を察し、人文を観察して、物事のあり方や秩序をどう育成すべきかを考えるということ。

山火賁《さんかひ》の「賁」は、飾る、飾り過ぎない、という意味。文化・文明は人間社会の飾り物であり、その発達によって一つの完成に至るが、発達し過ぎると実質が空になり崩壊に至ることになる。

4日　化《か》成《せい》

重明《ちょうめい》をもって正《せい》に麗《つ》けば、すなわち天下を化成《かせい》す。（離為火《りいか》）

「離」＝火が二つ重なる離為火《りいか》の説く徳は、明知《めいち》をもって正しい道につき、太陽のように周囲を明るく照らすことである。

人間も明徳《めいとく》を修養して正しくあれば、風俗を感化し、広く社会を育成する者となれると教えている。

感化し育成するという意味の「化成《かせい》」は、多くの企業名に用いられている。

5日 事《じ》業《ぎょう》

化《か》してこれを裁《さい》する、これを変《へん》と謂《い》い、推《お》してこれを行う、これを通《つう》と謂《い》い、挙げてこれを天下の民に錯《お》く、これを事業《じぎょう》と謂《い》う。

(繋辞上伝《けいじじょうでん》)

時に応じて物事を切り盛りし、適宜《てきぎ》に処置して変化させ、さらに推進して物事を通じさせる。

この変通《へんつう》の道理によって社会の道を整え、民を導くことを事業という。

これは「事業」の語源となった言葉である。本来、事業とは社会貢献を指すものであった。

6日 同声《どうせい》相応じ、同気《どうき》相求む

同声《どうせい》相応じ、同気《どうき》相求む。水は湿《うるお》えるに流れ、火は燥《かわ》けるに就《つ》く。雲は龍に従い、風は虎に従う。

(文言伝《ぶんげんでん》)

同じ響きを発するものは共鳴し、同じ気を求め合う。水は湿ったほうへ流れ、火は乾いたものに付く。水の物である龍には雲が従い、威を奮う虎には風が従う。

物事が成り立つ時は、必ず同じ志や方向性を持つ人や物が共振共鳴《きょうしんきょうめい》して、引き寄せられ、いっきにエネルギーが集中し融合する。その結果、個々の力では到底なしえないことが実現するのである。

7日 家内安全の秘訣

家人《かじん》は、女《じょ》の貞に利《よ》ろし。彖《たん》に曰く、家人《かじん》は女《じょ》、位《くらい》を内《うち》に正しくし、男、位を外《そと》に正しくす。（風火家人《ふうかかじん》）

風火家人《ふうかかじん》は家族、家業、家道の在り方を説く卦。

「女《じょ》の貞に利《よ》ろし」とは、女性はしっかりとしているのがいいということ。最近は変わってきたが、女が家の内を、男が家の外を治めるというのが本来のあり方。

天地に倣って、男女がそれぞれの役割を認識して持ち場を守れば、家内安全、家庭も調和すると易経はいう。

8日 地道・妻道・臣道

地の道は成すことなくして、代わって終わり有るなり。（文言伝《ぶんげんでん》）

地道、妻道、臣道は陽に従う陰の道。地は天に従い、妻は夫に従い、臣は主に従う。

地は天の恵みを受けて大地に万物を形作る。同じく妻や臣下は自分の才能を表に出さず、ひたすら受容し、従いながら物事を生み育て、形にする陰の力である。

誰でも脇役や縁の下を支える陰の存在で終わりたくないと考えるが、陰が育成したものは受け継がれていく。本当の意味で終わりを全うできるのは陰の道なのである。

9日 時を誤るな

帰妹《きまい》は征《ゆ》けば凶なり。利《よ》ろしきところなし。彖《たん》に曰く、帰妹《きまい》は天地の大義なり。天地交わらざれば万物興《おこ》らず。（雷沢帰妹《らいたくきまい》）

雷沢帰妹《らいたくきまい》の卦《か》は女性が嫁ぐ時を説く。その順序を違えると、吉事《きちじ》であっても、悪い結果になると教えている。

本来、女性が嫁ぐのは自然な流れである。天地が交わらなければ万物が育たないように、男女も交わって子孫が繁栄する。しかし、その時を誤れば、何事も後に必ず弊害が起きるのである。

10日 始まりを弁える

帰妹《きまい》は人の終始《しゅうし》なり。説《よろこ》びてもって動く。征《ゆ》けば凶なり帰《とつ》ぐところのものは妹《まい》なり。とは、位《くらい》当たらざればなり。（雷沢帰妹《らいたくきまい》）

女性がお嫁に行くのは、妻としての人生の始まりである。しかし、若い女性のほうから夢中になって嫁いでいくのは始まりの立場を誤っている、と教えている。

ここでは男女の婚姻《こんいん》に喩《たと》えているが、何事も始めが肝心である。一時の感情で意気投合し、お互いの立場（位）を弁《わきま》えずに始めたものは、結局、成り立つことはない。

11日 金蘭《きんらん》の交わり

二人心を同じくすれば、その利《するど》きこと金《きん》を断《た》つ。同心の言は、その臭《かお》り蘭《らん》のごとし。（繫辞上伝《けいじじょうでん》）

高い志を持つ二人の人間が心を同じくすれば、硬い金属をも断ち、不可能を可能にするほどの働きをする。

また互いが真心から語り合う言葉は、蘭の花の香りのように深く、透明で、芳《かぐわ》しい。

この一文は「断金《だんきん》の交わり」「金蘭《きんらん》の交わり」の語源である。いずれも私縁ではない友、同志の結束が堅いことをいう。

12日 三人いけば、一人を損す

三人いけば、一人を損す。一人行けばその友を得。（山沢損《さんたくそん》）

三人で何かを行おうとすると、途中で揉《も》めて一人が減る。一方、一人で行えば協力者を得ることができる。

これは陰陽に基づく易の本質論である。陰と陽で一対であるから、三は必ず一を損し、一は必ず二になるというわけである。

したがって、深い話をするには、三人でなく、一対一で相対すれば理解し合えるということになる。これはさまざまな物事に応用できる考え方である。

13日 天地《てんち》絪縕《いんうん》

天地《てんち》絪縕《いんうん》して万物化醇《かじゅん》し、男女精《せい》を構《あわ》せて、万物化生《かせい》す。（繫辞下伝《けいじかでん》）

「絪縕《いんうん》」とは気がもつれ合い、交わること。

「化醇《かじゅん》」は発酵して純粋な酒ができるように変化して形を為すこと。

天地の気が交じり合って万物はその形を成し、男女が相交わってはじめて生命が誕生する。

陰陽二気の純粋な交わりほど大きな発展をするものはない。

14日 易《か》わる

生生《せいせい》これを易《えき》という。（繫辞上伝《けいじじょうでん》）

天地は無窮《むきゅう》の営みを続け、途切れることがない。またそこから万物が生じる。

春夏秋冬は規則正しく巡り、冬が終われば、また新たな春がやってくる。同じ時は再び訪れることはない。

生じるものは常に新たであり、またそこから新たなものが生じる。このような窮《きわ》まりない変化を「易」という。

我々人間も日々の変化あってこそ、生き生きと生きていける。

15日　我行かん

独立して懼《おそ》れず、世を遯《のが》れて悶《うれ》うることなし。

（沢風大過《たくふうたいか》）

沢風大過《たくふうたいか》は、国や組織が倒れかかり、危急存亡に瀕した時の行動を教える卦《か》。危急の時、リーダーは自分の力量を超え、過ぎた行いをしなければ、危機からは逃れられない。周りや世間がどんなに非難しても、苦悶せず、良しとした志を懼《おそ》れず流されずに貫き通すことである。

大変な非常時には逃げるのではなく、「我行かん」と勇気を持って進んで行かなければならないと教えている。

16日　恐懼修省《きょうくしゅうせい》

恐懼修省《きょうくしゅうせい》す。

（震為雷《しんいらい》）

震為雷《しんいらい》の卦《か》は、突発的な出来事、ハプニング、トラブルへの対処を教える。

雷鳴と稲妻には驚かされるが、過ぎてしまえば、「あの時は驚いた」と笑い合えるものである。同じく、突発的なハプニングが起きた時はパニックを惹き起こすが、被害がなければ驚いただけで忘れてしまう。

しかし、そうであっても恐れ戒《いまし》めて反省し、次に起こった場合に備えて対処すべきであるという。

17日 創業時の心得

震《うご》きてもって鬼方《きほう》を伐《う》つ。三年にして大国に賞《しょう》せらるることあり。(火水未済《かすいびせい》)

火水未済《かすいびせい》は未完成から完成に向かう時を表す創業の卦《か》であり、水火既済《すいかきせい》は完成から未完成に向かう時を表す守成《しゅせい》の卦《か》である。

水火既済の辞《じ》に「高宗《こうそう》、鬼方《きほう》を伐《う》つ」とあるが、名君といえども、守成の時に戦《いくさ》を起こしては国力が衰える。

火水未済は、創業時には、力を着実に付けながら、勇気をもって積極果敢《かかん》に前進せよと教えている。奮い動いて蛮族《ばんぞく》に戦を挑めば、三年後には大国に封ぜられると。

18日 「節」の徳

数度《すうど》を制し徳行《とっこう》を議《ぎ》す。(水沢節《すいたくせつ》)

「数度《すうど》を制し」とは、数々の事柄において、度合いの違いを踏まえること。

国や組織のリーダーたる人は、数々の事柄の度合いを知り、その時々、適度に事にあたらなくてはならない。

度は過ぎても過ぎずとも弊害が起きる。その時の分限に合わせた度合いを考え、最適な条件を備えた規則を設ける。そのうえで自由に活動することが、「節」の教える徳である。

19日 己《おのれ》に克《か》つ

君子もって礼《れい》にあらざれば履《ふ》まず。

(雷天大壮《らいてんたいそう》)

雷天大壮《らいてんたいそう》の卦《か》は大いに壮《さか》んな勢いの時を説く。

「礼《れい》」はマナー・礼儀であるが、ここでは「己《おのれ》に克《か》つ」ことを指している。

何をやってもうまくいくような勢い壮《さか》んな時は大胆に豪快に行動すべきである。

しかし、勢いがあるだけに自制することが難しくなる。克己心《こっきしん》がないとコントロールがきかなくなり、時には善悪の判断さえも失い、非道も平気で行うようになってしまう。

この言葉は、そうした時に「礼」の道でなければ絶対に履《ふ》み入れてはいけないと戒めている。

この礼については、孔子、老子、そして中庸《ちゅうよう》も次のように記している。

孔子――己に克《か》ちて、禮《れい》に復《かえ》る。
老子――自ら勝つ、之《これ》を禮《れい》という。
中庸――中立して、流れず。

20日　機《き》密《みつ》

乱の生ずるところは、すなわち言語もって階《かい》をなす。君密《きみみつ》ならざるときはすなわち臣《しん》を失い、臣密《しんみつ》ならざるときはすなわち身を失い、幾事密《きじみつ》ならざるときはすなわち害成《がいな》る。　（繫辞上伝《けいじじょうでん》）

「階《かい》」とは段階のこと。物事の乱れが生じるのは、まず人の言葉がきっかけになる。言って良いことと悪いこと、言うべきこと、言わざるべきことの節度を持たなければ、君主は臣下を失い、臣下は己の身を滅ぼす。「幾事《きじ》」とは、取り扱いが大切な事柄。機密を軽率に口に出せば、必ず害になる。

21日　困苦《こんく》の時の対処

言うことあるも信ぜられずとは、口を尚《たっと》べばすなわち窮《きゅう》するなり。　（沢水困《たくすいこん》）

沢水困《たくすいこん》の卦《か》は困窮する時を説き、易経四大難卦《よんだいなんか》の一つに数えられる。「困」の字は、囲いの中にある木。行き詰まって困り、苦しみ悩むことを意味する。

「言うことあるも信ぜられず」とは、困窮した時は言うことを信じてもらえない。弁解や虚偽はもちろん、正しい内容であっても、弁舌で難を逃れようとすると、ますます行き詰まる。こういう時は、口を閉ざし、沈黙しているほうがいい。

22日 敬《けい》と義《ぎ》

敬以《けいもっ》て内《うち》を直《なお》くし、義以《ぎもっ》て外《ほか》を方《ほう》にす。敬《けい》義《ぎ》立てば徳孤《こ》ならず。（文言伝《ぶんげんでん》）

「敬」はうやまうという意味ではなく、心を引き締める、慎重にすること。

つつましくあることで心の内をまっすぐにし、正義にしたがうことで外に向かって行動する姿勢を正していく。この敬と義を備えていれば、その人の徳は一つだけに止まるはずはない。自然に多くの徳が積み重なって大きく盛大になり、また周囲にも良い影響を及ぼしていくものである。

23日 生《せい》

天地の大徳《たいとく》を生《せい》という。（繋辞下伝《けいじかでん》）

天地の徳の中で、最も大きなものを生《せい》という。

天地は生きとし生けるものをしっかりと生かすために規則正しく循環し、絶えず生成発展している。

人もそれに倣《なら》わなくてはいけない。たとえば、リーダーたらんとする人は、あらゆる人を生かすように考え、指導していくべきである。

24日 理《り》財《ざい》

何をもってか位《くらい》を守る、曰く仁。何をもってか人を聚《あつ》むる、曰く財《ざい》。財を理《おさ》め辞《じ》を正しくし、民の非をなすを禁ずるを、義《ぎ》という。

（繋辞下伝《けいじかでん》）

この一文は企業倫理として読める。

第一に、企業は仁愛、人の役に立とうという意志、社会貢献の精神をもって、その地位を守るものである。

次に、利益の追求は企業の義務である。経済が回っていく企業には人が集まる。

また、経営者は、株主や顧客、従業員と家族、地域社会、世論に対して営利の責任を負う。

「財を理《おさ》め」とは理財の語源。公明正大な経営をし、利益を得て経済を発展させ、そして明確に伝わる言葉で経営者の意志を示し、対外的にも透明性を示すことである。

それができて初めて「民の非をなすを禁ずる」、すなわち、利益だけを追求せず、組織の人間が非合法な過ちを犯さないように、従業員教育に力をそそぐことができる。

「義《ぎ》」とは守るべき正しい筋道。倫理教育をするとともに、非をなす者を見逃さず罰することである。

25日　十朋《じっぽう》の亀《き》

あるいはこれを益《ま》す。十朋《じっぽう》の亀《き》も違《たが》う克《あた》わず。（風雷益《ふうらいえき》）

風雷益《ふうらいえき》の卦《か》は、上位者が損して下位者を富ませることを示す。国家や会社組織でも、上が利益を独占せず、下位の正しい場所に還元するならば、全体が大きな利益を得る。それは「十朋《じっぽう》の亀《き》」という、古代の占いに用いた高貴な霊亀《れいき》で占っても間違いのない保証された益である、という。

やる気のある人を救い上げて事業を起こさせれば、経済が循環し、社会全体の利益につながっていくという教えである。

26日　義《ぎ》の研究

義《ぎ》を精《くわ》しくし、神《しん》に入《い》るは、もって用《よう》を致《いた》すなり。（繫辞下伝《けいじかでん》）

「義《ぎ》」は正しい筋道。「精」は玄米を白米に精米すること。転じて物事を生粋《きっすい》に研ぎ澄ますことをいう。

人が正しい筋道とは何かと精細《せいさい》に研究を極め、神妙な真理を求めるのは、いずれそれを大きく用いて、社会の役に立つ力を養うためである。

27日 自然治癒力

无妄《むぼう》の疾《やまい》あり。薬《くすり》することなくして喜びあり。
（天雷无妄《てんらいむぼう》）

病気は不自然さが重なって起こるものである。それゆえ、薬を用いずとも自然治癒力を高めれば治る。むやみに薬を用いるとかえって病を長引かせることがある。

これと同じく、何か問題に対して、あれこれと手立てを加えることで裏目に出て、よけいに問題が大きくなることがある。

その場合は、自然の時にまかせて見守ることが一番の薬になる。

28日 大人虎変《たいじんこへん》す

大人虎変《たいじんこへん》すとは、その文炳《ぶんあきらか》なるなり
（沢火革《たくかかく》）

虎の毛が夏から秋にかけて抜け変わるように日々変化する。

「文炳《ぶんあきらか》なるなり」とは、虎は秋になると見事に鮮やかで美しい紋様となることをいう。

「虎変《こへん》す」とは、改革が制度から文化文明にまで及び、一新して完成したことを表す。

改革を虎の紋様《もんよう》に喩《たと》えるのは、それが補填《ほてん》ではなく、すべてを改めることであり、あたかも一つながりの紋を描くようでなく

29日　変を尊《とうと》ぶ

どんなに困難な時であろうとも、必ず物事は変ずる。逆にどんなに安定した時であっても、必ず物事は変ずる。

満月が新月に向かうように、安定は傾くほうへと向かい、また、傾いたものは安定へと向かう。

人生にはさまざまな時があるが、易は変を尊《とうと》び、変化するからこそ成長と発展があるとしている。

30日　君子不占《うらなわず》

「君子占わず」という言葉は、「君子たるものは占いなどしてはいけない」という意味と思われがちだが、そうではない。

『論語』の中で孔子は「占わざるのみ」という言葉を記している。

また、荀子《じゅんし》は「善く易を為《おさ》むる者は占わず」といい、荘子《そうし》も「占わずして吉凶を知る」といっている。

つまり易経に学び、変化の原理原則を知れば、占わなくとも先々を察することができるというのである。

10月

それ易《えき》は物を開き務めを成し、
天下の道を冒《おお》う。

1日 開物成務《かいぶつせいむ》

それ易《えき》は物を開き務めを成し、天下の道を冒《おお》う。（繫辞上伝《けいじじょうでん》）

易経は何のために書かれたのか。一つは人や物事の持っている一切合財——徳や特質、能力などを開花させるためであり、また物事の道理を明らかにするためである。もう一つは、人がそれぞれの務めるべき職分を果たし、目的を遂げるためである。

それゆえ、易経には時代、地位、年齢に関わらない人間社会のあらゆる道が網羅されているのである。

「開物成務」の語源となった言葉。

2日 実践の哲学

易《えき》は思うことなきなり、なすことなきなり。寂然《せきぜん》として動かず、感じてついに天下の故《こと》に通ず。（繫辞上伝《けいじじょうでん》）

易経の辞《じ》はただ読んだだけでは無心・無作為であって、働きかけもなく、ただ変化の理《ことわり》を示しているにすぎない。しかし、ひとたび自分の体験や、世間の出来事と照らし合わせて読むと、感応《かんのう》するように的確な教示が返ってくる。

易経は「実践の哲学」といわれる。こちらから働きかけ、用いて実践するならば、天下の物事を明らかにできるという。

3日　幾《き》を知る

幾《き》を知るはそれ神《しん》か。

（繋辞下伝《けいじかでん》）

「幾《き》」とは、わずか、微妙な、機微《きび》を意味する。物事が大きく動く微細なきっかけであり、別の言い方をすると兆しである。「幾を知る」とは、萌芽《ほうが》を見て春を知ることではない。まだ現象面に表れない、眼に見えないものを察することをいう。

たとえば、「桐一葉落ちて天下の秋を知る」（桐の一葉が落ちるのを見て、天下衰亡の時と腑《ふ》に落ちる）という句のように、一瞬にして結果を知る。これは常人には及ばない直観力であると易経はいう。

4日　通塞《つうそく》を知る

戸庭《こてい》を出でずとは、通塞《つうそく》を知ればなり。

（水沢節《すいたくせつ》）

水沢節《すいたくせつ》の卦《か》名「節《せつ》」は竹の節《ふし》。竹は「通《つう》塞《そく》」を重ねて伸びていく。節《ふし》が伸びている時は通じ、節目《ふしめ》では塞《ふさ》がる。通じているのは進むべき時であり、塞《ふさ》がっているのは退き、止まるべき時である。「節《せつ》」を知る者は家から一歩も出なくても通塞《つうそく》を知り、進退の時を知る。それを悠然と楽しむのである。

『老子』にも「戸を出でずして天下を知る」という言葉がある。

5日　感性の源

君子もって虚《きょ》にして人に受《う》く。（沢山咸《たくさんかん》）

この「虚《きょ》」は心にある空虚な隙間をいう。これは心が動く空間であり、感じる能力、感性の源である。

人の言葉や心を受け容れるには、いくら知識や経験を積み重ねても、「まだ知らないことがある」と、虚心坦懐《きょしんたんかい》な姿勢で向かうことが大切である。

思い込みで一杯になっていたり、知識だけにとらわれていたら、どんなに素晴らしい出来事や人物に出会っても、受け容れられず、何も感じられない。

6日　類は友を呼ぶ

聖人作《おこ》りて万物観《み》る。天に本《もと》づく者は上《かみ》に親しみ、地に本づく者は下《しも》に親しむ。すなわち各各《おのおの》その類に従うなり。（文言伝《ぶんげんでん》）

聖人を皆が仰ぎ見るように、人も物も同じ類に感応する。生命を天から受ける動物は頭を上にして、地から受ける植物は、その根を下に張る。

人に長たる者が現れたとき、同じ志を持つ類同士が求め合い、感応し合う。国家や会社組織も、そのようにして成り立っていくものである。

7日　三駆《さんく》して前禽《ぜんきん》を失う

王もって三駆《さんく》して前禽《ぜんきん》を失う。（水地比《すいちひ》）

殷《いん》王朝の初代の王である湯王《とうおう》が狩りの獲物を追い込んだ時、「残りの三方は囲んでおいて、一か所だけ自由に逃げることができるようにしなさい。それでもかかる獲物はいただきましょう」といったことに由来する言葉。

どんなに実力があっても、弱い者に対して肩を怒らせて力をふるってはならないという教えである。逃げ道がなくなるまで追い詰めず、相手の自由意志を尊重することを説いている。

8日　時を待つ

天地閉じて、賢人隠《かく》る。（文言伝《ぶんげんでん》）

たとえば、天を政府、地を国民とする。政府が国民の気持ちを考えず、国民が政府の方針に従わなければ、どちらも意思の疎通を図れず、国は乱れる。これが「天地閉じて」という状態である。

賢い人は、そういう時代には自分の能力を活かせないと知り、口を閉じ、財布の紐を堅く結んで、遠く隠遁《いんとん》するようになる。

一見卑怯に見えても、時を待つしか術《すべ》がない時もある。そういう時は、じっと堪えて、来るべき時代に備えるしかない。

9日 明夷《めいやぶ》る

箕子《きし》の明夷《めいやぶ》る。貞《ただ》しきに利《よ》ろし。
(地火明夷《ちかめいい》)

箕子《きし》は殷《いん》王朝の将来を憂い、甥《おい》である殷の紂王《ちゅうおう》を諫《いさ》め続けたが、聞き入れられず、紂王は暴君と化した。

箕子は暴虐無尽《ぼうぎゃくむじん》の時代を察し、狂人を装って難を逃れた。自らの明徳を破り、自分の聡明さを見せなかった。

艱難の時にあって、「明夷《めいやぶ》る」という手段で心の明かり、希望を失うことなく、自分の道を守ったのである。

10日 乱世《らんせい》の処世術《しょせいじゅつ》

天地交わらざるは否《ひ》なり。君子もって徳を倹《つつまし》やかにし難を辟《さ》く。栄《えい》するに禄《ろく》をもってすべからず。
(天地否《てんちひ》)

天地交わらざるとは、人が起こした禍《わざわい》で無道乱世《むどうらんせい》の世の中。会社組織に喩《たと》えると、経営者側は利権をあさり、従業員はなるべく怠けようとするような状況である。

このような時は、爵禄《しゃくろく》つまり出世や儲《もう》け話から遠ざかり、要職に就くべきではない。要職に就けば、後に必ず災難が降りかかる。よく省みて、警戒謹慎することが必要だ。

11日 役を解く

君子維《こ》れ解くことあらば、吉《きつ》なり。小人《しょうじん》に孚《まこと》あり。（雷水解《らいすいかい》）

「維《こ》れ」とは、険難の原因を作った小人《しょうじん》。とはいえ、自分も賢人の諫言《かんげん》を受け容れず、利権をあさろうという気持があったからこそ、小人を引き寄せたのである。

「解く」とは、解放・解散。小人を排撃《はいげき》し罰するのではなく、役から去らせて、実力と徳のある賢人たちを大切にする。

無情な排除を行わなければ、「孚《まこと》」誠意が伝わり、小人にも誠意が芽生え、心改めて去って行くと教えている。

12日 守成《しゅせい》と陰徳《いんとく》

永《なが》く貞《ただ》しきに利《よ》ろし。用六《ようりく》の永貞《えいてい》は大をもって終わるなり。（坤為地《こんいち》）

「創業」と「守成」を陰陽に割り振るならば、「創業」は陽で「守成」は陰となる。積極的に推進する「陽」の力だけでは物事を永く持続することはできない。繁栄を保つには柔順柔和に従い、受容する「陰」の力をリーダー自らが生み出す努力が必要。

「用六《ようりく》の永貞《えいてい》」とは、「陰」の徳を用いて永く正しく守り、大きな功績を成就すること。国や組織のリーダーは、とくに陰徳を体得しなくてはいけない。

13日 守成時の心得

高宗鬼方《こうそうきほう》を伐《う》つ。三年にしてこれに克《か》つ。（水火既済《すいかきせい》）

「高宗《こうそう》」とは殷の中興《ちゅうこう》の祖である名君、武帝《ぶてい》。「鬼方《きほう》」は北方の蛮族《ばんぞく》。

武帝は天下が安泰であるにも関わらず、北の蛮族に戦いを仕掛けた。名君といえども勝つまでに三年もかかり、国力は衰えた。

水火既済《すいかきせい》の卦《か》は完成の時を説く。創業と守成でいえば守成にあたる。この言葉は、守成の時には内部の安定に努めるべきであり、外部進出を図るべきではない、という戒めになっている。

14日 童観《どうかん》は小人の道

童観《どうかん》は、小人《しょうじん》の道なり。（風地観《ふうちかん》）

「童観《どうかん》」とは幼い子どもの見方をいう。今、何が起こっているかという出来事のあらましを知るだけで、その示す意味や人心を推し量ることができない。

まだ年若ければ仕方ないが、一国一城を担うような組織のリーダーが浅はかな物の見方しかできないようでは恥ずかしい。

「観」は洞察を説く卦《か》。組織を担う者は、必ず兆しを察する洞察力をつけなくてはならないと易経は説いている。

15日　私物化への警告

井収《せいみずく》みて幕《おお》うことなかれ。（水風井《すいふうせい》）

井戸は広く万人を養うものであり、いつでも水を汲み上げて用いるものである。それゆえに、決して井戸に覆いをして私物化してはならない。

この井戸の役割、構造や用い方、その管理は国や会社組織に見立てられる。

会社は広く社会に貢献して人を養うことが役目である。ゆえに経営者は会社を私物化してはならない。情報公開や透明性を重んじ、しっかりとした管理体制を完成させなければならないのである。

16日　禄《ろく》を施《ほどこ》す

君子もって禄《ろく》を施《ほどこ》して下に及ぼし、徳に居《お》ることすなわち忌《い》む。（沢天夬《たくてんかい》）

沢天夬《たくてんかい》の「夬」は決断・決壊を意味する。下位の者が上位の者を退け、古い体制を排除して新たな時を切り開く道を説く。

「禄」は恩沢《おんたく》・恵み・情け。これまで上位で止まっていた恩沢の構造を壊し、下位にまで及ぼし、遍《あまね》く潤《うるお》わせる。

そのような維新を起こす者が、恩沢を自分の所に止めて下に施さず、あるいは施しても、それを自分の徳や手柄とするのは忌むべきことである。

17日 小人を恐れる

剥《はく》に孚《まこと》あり。厲《あやう》きことあり。（兌為沢《だいたく》）

情が深く度量のある人は、舌先三寸《したさきさんずん》の小人とも、そうと知って接することができる。しかし、誠実な人々とのつきあいと同等にせず、はっきり区切るべきである。

「剥《はく》に孚《まこと》あり」とは、小人を恐れなければ、いずれ自らの誠心が剥奪《はくだつ》されるということ。

どんな聖人も、言葉巧みに近づいてくる小人には警戒心を持った。小人は人を悦ばせる術《すべ》に長け、いつしか懐に忍び込み、相手を取り込んでしまうからである。注意しなくてはならない。

18日 正しいスタンスをとる

上交《じょうこう》して諂《へつら》わず、下交《かこう》して涜《みだ》れず、それ幾《き》を知れるか。（繋辞下伝《けいじかでん》）

物事の僅かな機微を察知する人は、上に対して恭順《きょうじゅん》であるが諂《へつら》わず、下に対しては親しいが馴れ合いにはならない。

けじめをきちんとつけるのは、諂いや馴れ馴れしい関係が後に良いことにはならないと知っているからである。

これは、人間関係のしがらみに縛られずに、物事を正しく判断し、行うべき事を行うべき時に迅速に行動するためのスタンスである。

19日 招かざる客

穴に入る。速《まね》かざるの客三人来《きた》るあり。これを敬すれば終《つい》には吉《きつ》なり。
（水天需《すいてんじゅ》）

「速《まね》かざるの客」とは「招かざる客」と同じ。これは、現在では迷惑な客人という意味で使われるが、本来は思わぬ助け手を意味する。

困難の極みに陥ると、人は頑《かたく》なになり、救済を拒絶することがある。しかし、本当に困った時に現れた救いの手は、追い返したり、逃げたりせずに、素直に受け入れなさいと教えている。

20日 猛省して努力する

身に反《かえ》りて徳を修む。
（水山蹇《すいざんけん》）

水山蹇《すいざんけん》の卦《か》は大変な難事、険難の時を説く、四大難卦《なんか》の一つである。

乗り越えるのは不可能かと思われるほどの大変な悩み苦しみの渦中では、心が荒《すさ》んで、天を恨み、人を責めたくなる。しかし、それでは解決にならず、ますます難が険《けわ》しくなるだけである。

いかに自分に力がないか、鍛えられていないか、育ってないかを猛省《もうせい》して、一層、自分を高める努力をせよと戒めている。

21日 復《ふく》に迷《まよ》う

復《ふく》に迷《まよ》う。凶なり。災眚《さいせい》あり。（地雷復《ちらいふく》）

地雷復《ちらいふく》の卦は、復帰・復活・回復の時を表す。また、正しい道から逸《そ》れてしまった時の戻り方を説いている。

「復《ふく》に迷《まよ》う」とは道に迷うわけでなく、踏み外したと自覚しているのに、元に戻ることを迷うこと。「災眚《さいせい》」は禍《わざわい》。「災」は外部からの禍をいい、「眚《せい》」は自分がわざわざ作ってしまう禍をいう。

道を踏み外したら自戒して速やかに復《かえ》るべきである。復に迷えば永遠に道に戻れなくなると易経は警告している。

22日 問題の処理

山上《さんじょう》に火あるは旅《りょ》なり。君子もって明らかに慎み刑《けい》を用いて獄《ごく》を留《とど》めず。（火山旅《かざんりょ》）

火山旅《かざんりょ》は、山に山焼きの火があり、それが一箇所に止まらず、次々に移っていくことから、「旅」という卦名《か》がついている。

そこから、君子は民が犯した罪を明察し、慎重に刑罰を用いて、牢屋に長く留めないようにせよと教える。

また、これは物事を一箇所に留めずに明察・慎重に進めよという意味でもあり、問題を明解に処理し、未処理のまま留めて置かないことを説いている。

23日 盈《えい》を虧《か》きて謙《けん》に益す

天道《てんどう》は下済《かせい》して光明なり。地道《ちどう》は卑《ひく》くして上行《じょうこう》す。天道は盈《えい》を虧《か》きて謙《けん》に益し、地道は盈《えい》を変《へん》じて謙に流《し》き、鬼神《きしん》は盈《えい》を害《がい》して謙に福《さいわ》いし、人道《じんどう》は盈《えい》を悪《にく》みて謙を好《この》む。謙は尊くして光り、卑《ひ》くけれども踰《こ》ゆべからず。君子の終りなり。

（地山謙《ちざんけん》）

易経は謙虚、謙譲、謙遜の精神を最高の徳とする。低く謙《へりくだ》るものこそが、最も高みに至るといっている。

天は日差しや雨を地に降らせ、大地はそれを受けて、万物を育成し、また天に上昇させて還元する。大地はもとから低く、高い天でさえ低く謙《へりくだ》る。

また天は満ちたもの（盈《えい》）を欠けさせ、欠けたもの（謙《けん》）を満ちるようにする。地は山を谷に変え、また谷を山にする。

「鬼神《きしん》は邪なし」という言葉があるが、鬼神は慢心を嫌い、謙る者に幸いを運ぶ。

人は、たとえ成功者であっても高慢であれば嫌い、謙虚な人には惹かれて手を貸したいと思う。身分が低かろうと、謙虚に生きる人を誰も蔑《さげす》みはしない。

謙虚な態度を終わりまで貫いて崩さない。それが君子である。「謙」の徳は終わりを飾るものである。

24日 いかに人を裁くか

乾《かん》秭《し》を噬《か》み、金《きん》矢《し》を得。艱《くる》しみて貞《てい》なるに利《よ》ろし。（火《か》雷《らい》噬《ぜい》嗑《こう》）

火《か》雷《らい》噬《ぜい》嗑《こう》は、邪魔者を噛み砕いて、問題を解決するという意味の卦《か》。悪者を裁いて刑罰を与える、牢獄に入れる時を説く。

「乾《かん》秭《し》」は骨付きの乾し肉。これは顎《あご》に相当力を入れないと噛み切れない。

同様に、剛強な罪人を裁く時は侮《あなど》ってはならない。また、いかに裁くかで悩むほど考え、誠実に問題に取り組まなくてはならない。そうすれば、解決した時の功績は大きなものになる。

25日 革《かく》言《げん》三たび就《な》る

征《ゆ》けば凶なり。貞《ただ》しけれども厲《あやう》し。革《かく》言《げん》三たび就《な》れば、孚《まこと》あり。（沢《たく》火《か》革《かく》）

沢《たく》火《か》革《かく》は改革・変革の進め方を教える卦《か》。改革の時期を早まって進むと、いくら気持ちは正しくとも失敗する危険性がある。

改革を決行するまでには、改革を求める理由を再三述べ、賛成反対の議論が何度も行われるという過程が必要である。

そうした過程を経て、改革の機運が大衆の間に広まり、それが世論となって、はじめて信頼を得られるものだ。

26日　鴻陸《かりき》に漸《すす》む

鴻陸《かりき》（逵《き》）に漸《すす》む。その羽をもって儀《ぎ》となすべし。吉なり。（風山漸《ふうざんぜん》）

風山漸《ふうさんぜん》の卦《か》は、ゆっくりと歳月をかけて伸び進み、大木に成る進み方を教える。

「鴻《かり》」は、雁《かり》の一種で、白くて大きい鳥。「逵《き》」は雲路、空中の道。数十羽の鴻雁《こうがん》の群れが一糸乱れぬ列を作り、儀容《ぎよう》に適《かな》った進み方で飛んで行く様子を表している。

徐々に段階を経て進んだものは、整然として、美しく完成する。飛び去る雁《かり》の様子のように、その退き方も乱れず、後進を従えている。

27日　明《めい》を継《つ》ぐ

明両《めいふた》たび作《おこ》るは離《り》なり。大人《たいじん》もって明《めい》を継《つ》ぎ、四方を照らす。（離為火《りいか》）

「明両《めいふた》たび作《おこ》る」とは太陽を意味する。今日も明日も太陽が昇るということである。これは国や社会、また家庭の照らし方、その心構えをいう。「離」は「火」であり、燃え上がる火はよく見ればその中心は暗い。つまり、心が空虚でなければ、明を継ぐことはできない。

朝に昇る太陽のように、日々心新たであれば、周りを明るく照らすことができるという教えである。

28日 仁《じん》

「仁《じん》」とは大きな愛、思いやりである。

人間は一個人だけでは生きられず、ともに助け合って生きている。

家庭においては、家族への思いやりと養い、仕事においては、社会貢献や社会的責任も「仁」に含まれる。

社会活動において、まず大切なのは、人を思いやり、社会貢献に励み、社会の責任を担うことである。

29日 義《ぎ》

「義《ぎ》」は義理、そして正義の「義」である。

「義」は季節でいえば秋にあたる。秋に稲穂を伐採し、米だけを残して他を省き、収穫を得るという意味がある。

残すものと捨てるものを分ける――これが義である。

したがって、義には「この程度でいいか」という曖昧さがあってはならない。右と左ははっきりと分かたれる。いい加減なものではなくて非常に厳しいものである。

30日　兆《きざ》しを察《さっ》する

易経は「時」を説き、「兆《きざ》し」について言及している書物である。

「春の萌《きざ》し」といえば、ふきのとうが顔を出したというような現象をいうが、ここでいう「兆し」は、まだ現象化されていない目に見えない潜象《せんしょう》、つまり物事に潜み隠れているわずかな変化の起こりをいう。

冬至は一年で一番日が短く、この日を境に日は伸びていく。冬至は春が兆す日である。しかし、冬本番の時期は、冬至を過ぎた後にやってくる。

兆しを察知するとは、いわば物事にとっての冬至を知ることといっていいが、これを現象から読み取ることは、ほとんど不可能に近い。

では兆しはどうやって察するのか。それは修養を究め、直観、直知するのである。

易経は、春夏秋冬の巡りを基として、時の変化の原理原則、栄枯盛衰《えいこせいすい》の法則を説いている。

これを実践して学ぶことで、物事の全体の成り行きである大局を見通す力がつく。やがて時の本質を見抜く洞察力が養われ、さらにわずかな兆しで先行きを察する直観力に発展するのである。

31日 時流《じりゅう》を追うな

世間ではいかにして時流《じりゅう》に乗るかと切磋琢磨《せっさたくま》する。

しかし、易経は、「時流を追いかける者は時流とともに滅びる」としている。

たまたま時流を読む才能があり、時流に乗るのは僥倖《ぎょうこう》のようなもの。ツキで時流に乗ったとしても、ツキが落ちたら衰退するだけである。

ツキがあろうがなかろうが、その時々に為すべきことをするというのが易経の教えである。春や夏に為すべきことをせずに、いつも実りの秋ばかりを追いかけるのは無理な話である。

11月

君子豹変《ひょうへん》す。小人は面《めん》を革《あらた》む。

1日　虎視眈々《こしたんたん》

顚《さかしま》に頤《やしな》わるるも吉《きつ》なり。虎視眈眈《こしたんたん》、その欲逐逐《ちくちく》たれば、咎《とが》なし。（山雷頤《さんらいい》）

上位者が多くの人々を養うために、下位の賢人に自分の足らざる面についての教えを求める。これは上位が下位から逆に（顚《さかしま》に）養われることである。

そういう時は、虎のように威あって猛《たけ》からぬ態度で接し、虎が獲物を狙いさだめ（眈眈《たんたん》）、追い求め続ける（逐逐《ちくちく》）ほどの意欲で求めよ、と教えている。

「虎視眈眈《こしたんたん》」は「養う」時を説く山雷頤《さんらいい》の卦《か》が出典となっている。

2日　君子豹変《ひょうへん》す

君子豹変《ひょうへん》す。小人は面《めん》を革《あらた》む。（沢火革《たくかかく》）

君子は改革・変革の時に応じて過《あやま》ちを改め、豹のように毛色を美しく変える。沢火革《たくかかく》の卦《か》には「大人虎変《こへん》す」という辞《じ》もある。もっとも見事な変革の完成を表すが、それに感化されて周りの人々が次々に「豹変《ひょうへん》」するのである。

「君子豹変」は現在では悪く変わる意味で使われるが、本来は良い方向へ改める意味がある。

一方、小人は心にもないのに顔つきだけを改めるといっている。

3日　天下の先とならず

天徳首《てんとくしゅ》たるべからざるなり。　（乾為天《けんいてん》）

人を導くリーダーは、いくら自分の才能があってもそれをひけらかさず、自分のやって来たことがどんなに高く評価されても、自分の手柄にして表立ってはいけない。

争って自分が先駆けとなるのでなく、人を先にし、人の才能を育てるべきである。

これは有名な『老子《ろうし》』の「三宝《さんぼう》の徳」にある「敢《あえ》て天下の先とならず」と同じ意味である。

4日　驕《おご》りは失脚の兆し

貴《たっと》くして位なく、高くして民なく、賢人下位にあるも輔《たす》くるなし。　（文言伝《ぶんげんでん》）

どんなに優れた人でもトップの座に長くいると必ず驕《おご》りが出てくる。

社会的リーダーが失脚《しっきゃく》する兆候《ちょうこう》として表れるのが、人の意見を聞かなくなること。いくら賢い部下がいて、意見しようとも耳を傾けなくなり、そのうちに自己中心的になって正しい判断力を失う。

そうなると人はついて来なくなり、リーダーとは名ばかりになってしまう。

5日 分限《ぶんげん》を守る

理《ことわり》に通じ、正位《せいい》にして体《たい》に居《お》る。（文言伝《ぶんげんでん》）

物事の情理《じょうり》に通じ、自ら従うべき立場と知り、その位に就く。

これは、たとえ才能があり能力を認められて高い地位にいても、その時の状況と情理に従って、自分の分限から出ずにいる、という意味。

従順、受容、柔和の陰徳《いんとく》をいっている言葉である。

6日 分限を過ぎれば失墜《しっつい》する

遇《あ》わずしてこれを過《す》ぐ。飛鳥《ひちょう》これに離《かか》る。凶なり。これを災眚《さいせい》と謂《い》う。（雷山小過《らいさんしょうか》）

雷山小過《らいさんしょうか》の卦《か》は少しの行き過ぎは通るが、大きく行き過ぎは禍であると教えている。

引き留めるものを無視して、自分の分限を大きく行き過ぎると禍になる。鳥でもずっと飛び続けていたら、矢に射落とされてしまう。

自分の分限も時勢も知らずにいれば、災いが及ぶこととなる。わかりきったことのようだが、このような理由で失墜《しっつい》する人は今も後を絶たない。

7日　危機感をもつ

それ亡《ほろ》びなんそれ亡《ほろ》びなんとて、苞桑《ほうそう》に繫《かか》る。（天地否《てんちひ》）

天下無法の乱世が来るのは人災である。混乱が収束《しゅうそく》し始めても、油断して過《あやま》てば、また小人がはびこり、再び困難に陥る。

したがって、事態が完全に収拾するまでは安堵《あんど》せず、今日亡びるか、明日亡びるかと深く警戒することだ。

「苞桑《ほうそう》」は桑の木。外見は危うく見えるが、桑の根は地中深く張る。その桑の株にしっかりと身を繫《つな》ぐように、危機感をもって防護する必要性を説いている。

8日　警戒警備《けいかいけいび》

君子もって戎器《じゅうき》を除《おさ》め、不虞《ふぐ》を戒《いまし》む。（沢地萃《たくちすい》）

沢地萃《たくちすい》の卦《か》は人や物が集まり、繁栄する時を表している。

「戎器《じゅうき》を除《おさ》め」とは、兵器を整備すること、「不虞《ふぐ》を戒《いまし》む」とは、落ち度がないか、突発的な出来事に対応できるか警戒すること。これはつまり、危機管理を説いている。

人や物が多く集まる時は、様々な人間と物が溢れ、入り交じっているから、思いも寄らない争いなど、事件・事故が起こりやすい。油断して警備を怠ってはいけない。

9日　綸言汗《りんげんあせ》の如《ごと》し

渙《かん》のときその大号《たいごう》を汗《あせ》にす。（風水渙《ふうすいかん》）

「渙《かん》」とは、散る、分散する、離散《りさん》するという意味。

国内が分散する、また会社組織がバラバラになっている時、リーダーは大号令を発する必要がある。これを汗に喩《たと》えている。王者の命令を「綸言汗《りんげんあせ》の如《ごと》し」というが、汗は一度体から出たら戻らない。朝令暮改《ちょうれいぼかい》の号令ではないということである。

離散した人々の気持ちを集めるため、リーダーは的確な命を渙発《かんぱつ》しなくてはならない。

10日　貪《むさぼ》る者

晋如《しんじょ》たる鼫鼠《せきそ》貞《ただ》しけれど厲《あやう》し。（火地晋《かちしん》）

「晋如《しんじょ》」とは進んでいこうとすること。「鼫鼠《せきそ》」は大鼠。貪欲《どんよく》に貪《むさぼ》る者を表す。

功績を上げ、要職《ようしょく》に進んだが、大鼠のように地位と権力を貪る者がいる。それらの者は、組織に貢献したのだからこのくらいはいいだろうと権力や金銭を貪り、後進を阻んで地位を保ち、組織全体を暗くする。

過去の功労は正しくとも、重職にある者は質素であるべきであり、決して貪ってはならないという教えである。

11日　媚《こ》び諂《へつら》い

巽《したが》いて牀下《しょうか》に在り。その資斧《しふ》を喪《うしな》う。
(巽為風《そんいふう》)

寝台の下に伏すように身を低くして従うのは行き過ぎであり、媚《こ》び諂《へつら》いになる。そのように諂い過ぎては、自分の資質と物事を判断する能力をなくし、自分というものを失ってしまう。

「巽」は柔順を表す。「牀《しょう》」は寝台。「資《し》斧《ふ》」は財産と身を守り、物を割る武器。

この巽為風《そんいふう》は、順《したが》う時、遜《へりくだ》る時を説いている卦《か》。

12日　小人《しょうじん》を遠《とお》ざける

君子もって小人を遠《とお》ざけ、悪《にく》まずして厳《きび》しくす。
(天山遯《てんざんとん》)

天山遯《てんざんとん》は、逃れるべき時にいかに逃れるか、その方法を説いている卦《か》。

小人を遠ざけて逃れるためには、自分一人だけが清いなどといって相手を憎み、遠くに追いやって近づかないように避けるのでは、かえって怨まれる。

そのように人に厳しくするのは間違っている。むしろ自分の道を厳しく守るという姿勢を持って接すれば、小人は自然に遠ざかっていくものである。

13日 破れることを知る

終わりを永《なが》くし敝《やぶ》るるを知る。（雷沢帰妹《らいたくきまい》）

雷沢帰妹《らいたくきまい》の卦《か》は、若い女性から求めて嫁《とつ》いでいく時を説く。

若い女性を喩《たと》えに出すのは、幼い一時的な感情で動く傾向があるから。そのようにして始まった婚姻は、長くは続かず破局すると教えているのである。

婚姻《こんいん》に限らず、一時の喜びや、有頂天《うちょうてん》になって動いた事物は後に必ず破れる。冷静になって、長く続くことは何かと考えてから行動するようにすべきである。

14日 陰《いん》の魔性《ましょう》

姤《こう》は女、壮《さか》んなり。この女《じょ》を取《めと》るに用うるなかれ。（天風姤《てんぷうこう》）

天風姤《てんぷうこう》の「姤《こう》」は「陰と陽が思いがけなく遇《あ》う」という意味。陽気壮《さか》んな中に陰が入り込むため、男女の出逢いに喩《たと》えられる。

男性社会に魔性を秘めた美しい女性が一人、入ってくる。男性は女性に圧倒されるが、決して重用してはならない。

楊貴妃《ようきひ》をはじめ、古代中国には美しい女性が一国の滅亡の原因になった例が多い。陽気壮んな中に入り込んだ陰は、知らぬ間に勢力を増幅《ぞうふく》させ、国を傾かせるのである。

15日　憧《しょう》憧《しょう》往《おう》来《らい》

憧《しょう》憧《しょう》として往来《おうらい》すれば、朋爾《ともなんじ》の思いに従う。（沢山咸《たくさんかん》）

「憧憧往来《しょうしょうおうらい》」とは、思いがしきりに行ったり来たりして、心が彷徨《さまよ》うこと。「朋爾《ともなんじ》の思いに従う」とは、周りの人もそれぞれに勝手なことを思い感じて迷うこと。

心が迷うのは、私心や私欲に惑わされて、物事を真に受け止めて感ずることができないからである。

私心を捨てて感じ入るところがなければ、決して思いは定まらないものである。

16日　幹《かん》蠱《こ》

父の蠱《こ》を幹《ただ》す。（山風蠱《さんぷうこ》）

「蠱《こ》」は皿に虫がわいた象形《しょうけい》で、腐敗《ふはい》するという意味。「幹す」は「ただす」と読み、腐敗を取り除き、一掃し、正すこと。

父の時代以来の腐敗を子が正す。子の代で腐敗を正す。「幹蠱《かんこ》」は先代の仕事を受け継ぎ、革新することである。

平和な社会が長く続けば、先代当時は良かったものも年月とともに腐敗していく。これは親子一家だけでなく、世の中や組織も同様。時代時代で革新が必要である。

17日 心を洗う

聖人これをもって心を洗い、退《しりぞ》きて密《みつ》に蔵《かく》れ吉凶《きっきょう》、民と患《かん》を同じくす。（繋辞上伝《けいじじょうでん》）

「これ」とは易経が説く中庸《ちゅうよう》の精神。物事を判断しなければならない時、中庸の精神に倣《なら》い、思い込みや、こうなってほしいという私心からの願望、私利私欲などを洗い流すように心を浄化する。

そして、静かな深い境地に心を置くことで、人々の苦しみや悩みを我事のように思いやり、感じることができる。

そうして養った徳を再び世に出た時に役立てるのである。

18日 上位に居《お》りて驕《おご》らず

上位に居《お》りて驕《おご》らず、下位に在《あ》りて憂《うれ》えず。（文言伝《ぶんげんでん》）

高い地位にあっても驕《おご》らず、地位が低くても心悩むことはない。

物事に集中して、必死に努力しているのなら、自分の地位や出世など余計なことに気をとられている暇はない。

19日　知の工夫

君子もって多く前言往行《ぜんげんおうこう》を識《しる》し、もってその徳を蓄《やしな》う。（山天大畜《さんてんだいちく》）

「前言往行《ぜんげんおうこう》」とは古人、昔の人たちのいった言葉や行いのこと。君子はそれらを読み、学んで思索し、徳を養うものである。

山天大畜《さんてんたいちく》は社会に大きく貢献できる徳を蓄えることを教える卦。先人の蓄えてきたものを読み、何を語り、どう行動したかを学んで現在生きている自分にすり合わせ、再体験し、徳を積み蓄えるのである。

これは「知の工夫」の大切さを示している。

20日　文徳《ぶんとく》を修《おさ》める

文徳《ぶんとく》を懿《よ》くす。（風天小畜《ふうてんしょうちく》）

物事が滞《とどこお》って思うように進まない時は、文徳《ぶんとく》を修《おさ》め、従順温和に勉める。

文徳は文武両道の武徳《ぶとく》に対するもの。武は表面的に戦う力強さ。一方、文徳は内面の精神性、芸術性、知性をいう。

心を磨き高めることにより、打開の道が開けてくるということである。

21日 針のムシロに座する

石に困《くる》しみ、蒺藜《しつり》に拠《よ》る。その宮《きゅう》に入りて、その妻を見ず。凶なり。（沢水困《たくすいこん》）

固い大石に阻まれて苦しみ、「蒺藜《しつり》に拠《よ》る」針のムシロに座する思いをすることもある。また自分の家（宮）に帰ると、慰めてくれるはずの妻は逃げてしまっていない。

これらは大変な苦しみだが、苦しみに学ばない小人はますます困窮する。大石を除こうとして苦しみ、わざわざ針のムシロに座り、自分で自分の身を危うくしてしまう。

困窮にあって、そこから学ぼうとする姿勢が大切である。

22日 過ちを繰り返さない

不善《ふぜん》あればかつて知らずんばあらず。これを知ればいまだかつてまた行わざるなり。（繋辞下伝《けいじかでん》）

道をほぼ体得した者は、身に不善があれば必ず気づき、気づいたら二度と不善《ふぜん》を繰り返さない。

過ちを二度繰り返さない。これを徹底して行うことは、道を極めたに近い。

23日 霜《しも》を履《ふ》みて堅氷《けんぴょう》至る

霜《しも》を履《ふ》みて堅氷《けんぴょう》至る。
霜を履みて堅氷とは、陰《いん》の始めて凝《こ》るなり。
その道を馴致《じゅんち》すれば、堅氷に至るなり。
（坤為地《こんいち》）

晩秋の早朝、庭先に出ると薄っすらと霜が降りている。今は微かな霜がこれから数か月経つと厚い氷になり、気づいた時には身動きがとれなくなっている。これが「霜《しも》を履《ふ》みて堅氷《けんぴょう》至る」ということ。悪習に親しむことの怖さを教えている。

企業の不祥事や犯罪は、たいてい「霜を履む」ことから始まる。最初はいけないことだなと気づいても、些細なことなので、「このくらいならいいだろう、大丈夫だろう。わからないだろう」と侮る。しかし、悪習にだんだん馴れ親しんでいくと、やがて厚みが増大し、取り返しのつかない大きな禍に至るのである。

恐ろしいのは、最初はいけないことという認識があっても、馴れていくうちに意識に全くのぼらなくなって、悪いことも善だと強弁するほどになること。

それゆえ、最初の霜の段階で対策を練らなければならない。これは、企業倫理、教育など、すべてに通じる教訓である。

24日 兆《きざ》しが報《しら》せる

君子は微《び》を知りて彰《しょう》を知り、柔《じゅう》を知りて剛《ごう》を知る。
（繫辞下伝《けいじかでん》）

「微」は時の機微《きび》、兆し。「彰《しょう》」は明らかにする。つまり、微細なる機微が物事を明らかにすることを知る、という意味。

ほんの些細《ささい》な兆しを察知して、それがいかに発展していくか、どのような現象が起きてくるかということを、すべて知ることができる、というのである。

「剛柔《ごうじゅう》を知る」とは、その物事の裏表、ありさまを知り、いかようにも行動できるということ。

25日 大業と盛徳

富有《ふゆう》これを大業と謂《い》い、日新《にっしん》これを盛徳と謂う。
（繫辞上伝《けいじじょうでん》）

豊かに万物を有し保つことを大業といい、その働きを日々新たにしていくことを盛徳という。

大業とは、事業を大きく発展させていくことにも喩《たと》えられる。また、盛徳とは、日々学問を積み重ねることによって世の中に通じていくことと考えてもいいだろう。

26日　部下の心得

章《あや》を含みて貞《てい》にすべし。（坤為地《こんいち》）

「章《あや》」はきらりと光るもの、才能、才覚をいう。これは臣下、部下の道を示している言葉。「章を含む」とは、明徳をあらわにしないこと。つまり、才覚をひけらかさず、命ぜられることにじっと耐えて従うこと。それが部下の道だと教えている。

現実を見ても、才能と知恵のある部下ほど、時に才覚を発揮してもひけらかさず、功績が認められなくても不満をいわないものである。

27日　謙《へりくだ》る

地中に山あるは謙《けん》なり。（地山謙《ちざんけん》）

「謙」は「へりくだる、控える」、さらに「快い」という意味がある。

高い山が自分は高くないと地の下にいく。このように快く謙るのが真の謙虚さである。たとえば、物事を学べば学ぶほど自分の学びが足りないと思い知らされる。すると恥ずかしくて自慢などできない。もっと勉強しようという気持ちになるものである。

地山謙《ちざんけん》は、そのように謙る精神の大切さを説いている卦《か》である。

28日 形而上《けいじじょう》と形而下《けいじか》

形よりして上なるもの、これを道と謂《い》い、形よりして下なるもの、これを器と謂《い》う。（繫辞上伝《けいじじょうでん》）

形而上学《けいじじょうがく》の語源である。

ここでいう形而上とは、目に見える形になる以前の実在。それは一陰一陽の道であり、易の精神であり、変化の原理である。

道が目に見える現象として具体的な姿形・言葉・行動で表現されたものが「器」。道はその器に盛りこまれた内容をいう。

我々は器を通して道を学び、物事の本質を知ることができる。

29日 人を見る目

人を見る目が養われるのは、社会の最下層にいる不遇《ふぐう》の時代である。

いずれ世の中に認められ、それなりの立場になると、人は本心を見せなくなる。世間の風当たりの強い時こそ、嘘偽りのない人の心根《こころね》に触れ、人情の機微《きび》を知ることができる。

不遇な自分に対する人々の接し方から、思いやりの大切さや人への応対の根本を学ぶのである。

30日 幾《き》と機《き》と期《き》を観《み》る

「幾」は、「ごく僅《わず》か」「兆《きざ》し」「機微《きび》」を意味する。

「機」は仕掛けを動かす小さな木軸。そこから、物事の仕組みのツボ・勘所という意味がある。

「期」は約束された時。時が熟し、満ちることである。

「幾と機と期を観る」とは、物事を成し遂げるために必要な力である。

ごくわずかな物事の変化の兆しを察し、その物事を動かす勘所に焦点を合わせたら、後は、時の熟するのを待つことが大切である。

12月

世に善《よ》くして伐《ほこ》らず、
徳博《ひろ》くして化《か》す。

1日 神《しん》武《ぶ》

神《しん》はもって来《らい》を知り、知はもって往《おう》を蔵《おさ》む。それたれかよくこれに与《あずか》らんや。古《いにしえ》の聡《そう》明叡知《めいえいち》、神武《しんぶ》にして殺さざる者か。

（繫辞上伝《けいじじょうでん》）

霊妙《れいみょう》な徳をもって未来を知り、過ぎ往く過去を蔵《おさ》める叡知を持つ。過去と現在、未来を掌握《しょうあく》するなど誰ができるだろうか。

それは聡明叡知《そうめいえいち》にして、神武《しんぶ》を持ち、人を殺さなかった古代の聖人であろう。

「神武」とは、神の如《ごと》き武勇。刑罰を用いたり威嚇《いかく》しなくても、人が心服《しんぷく》する武徳。神武《じんむ》天皇の 諡《おくりな》 の出典という説もある。

2日 正しいことを誇らない

世に善《よ》くして伐《ほこ》らず、徳博《ひろ》くして化《か》す。

（文言伝《ぶんげんでん》）

正しいことをしたから、あるいは素晴らしい商品を世に出して賞賛を得たからといって、誇ってはいけない。それは当たり前のことをしただけのことだから、正しくない人や、それができなかった人を責めてはならない。

すると、その徳は世に広まり、人を感化する。その姿勢と行いが当たり前のこととして世の中に広まり、人々は感化されるのである。

3日　退《しりぞ》く勇気

亢《こう》の言《げん》たる、進《すす》むを知って退《しりぞ》くを知らず、存《そん》するを知って亡《ほろ》ぶるを知らず、得《う》るを知って喪《うしな》うを知らざるなり。（文言伝《ぶんげんでん》）

「亢《こう》」は驕《おご》り高ぶったリーダーの喩《たと》え。進むことだけで退くことを知らず、繁栄し続けると思い込み、衰退することを考えない。利益を貪って、失うことを知らない。

賞賛され続ける優れた人ほど、危機管理能力を失いやすい。退くことを厭《いや》がり、省みることを渋るのは、自分も物事も客観視できなくなったことの表れである。

4日　優れたリーダーの三条件

君子はその身を安《やす》くして而《しか》る後《のち》に動き、その心を易《やす》くして而《しか》る後《のち》に語り、その交《まじわり》を定めて而《しか》る後《のち》に求む。（繋辞下伝《けいじかでん》）

優れたリーダーは三つの能力を修めている。

第一に、危ない時には動かない。負ける喧嘩《けんか》はしない。

第二に、よく考え、確信を持ってから平易な言葉で語る。思いつきで語ることはない。

第三に、人とは親しく交際し、その信頼を深めてから物事を求める。

5日　邪《じゃ》を閑《ふせ》ぐ

邪《じゃ》を閑《ふせ》ぎてその誠を存《そん》し。　（文言伝《ぶんげんでん》）

「邪《じゃ》を閑《ふせ》ぐ」とは、外からの「邪」ではなく、自分の中の「邪」を防ぐこと。どんな人でも正（誠）と邪の両方を持ち合わせている。人間誰しも弱く、邪心が芽生え、罪を犯す可能性がある。自分には邪心などないと思っていたら防ぐことはできない。内なる邪を自覚して、それを防ぐための仕組みを作ることが大切である。

企業に不祥事が起こるのは、「邪《じゃ》を閑《ふせ》ぐ」努力をせず、それを誤魔化す環境を経営者自らが作った結果である。

6日　行き過ぎに注意

飛鳥《ひちょう》これが音《いん》を遺《のこ》す。上《のぼ》るに宜《よろ》しからず、下《くだ》るに宜《よろ》し。大いに吉《きつ》なり。　（雷山小過《らいさんしょうか》）

飛ぶ鳥の鳴き声はするが、姿は見えない。高く飛び過ぎてばかりで止まる場所を得ないのでは、疲れてしまう。飛び過ぎたな、無茶《むちゃ》をしたなと思ったら、速やかに力を抜いて地上に降りて休むのがよい。

これはやりすぎを戒める、日常のあらゆる事柄における教訓である。

雷山小過《らいさんしょうか》の卦名《か》「小過」は、少しく過ぎる。日常的な事柄に関して少しずつ行き過ぎや過ちがある時を説く。

7日　大転換期

号《さけ》ぶことなかれ。終《つい》に凶あり。（沢天夬《たくてんかい》）

沢天夬《たくてんかい》の卦《か》は権力者を排除する時を説くが、ここでは追われる権力者について述べている。

どれほど助けを求めても、救いはこない。終わりには追い落とされるのだから、決心して自ら退くべきであるといっている。

「夬」は決壊《けっかい》の意味でもあり、時が至って勢力に押され、破れること。幕末期はまさに沢天夬の時といえる。時代の転換期には、行いの良し悪しに関わらず、「時の勢い」によって滅ぼされるということがある。

8日　王臣蹇蹇《おうしんけんけん》たり

王臣蹇蹇《おうしんけんけん》たり。躬《み》の故《こと》に匪《あら》ず。象《しょう》に曰く、王臣蹇蹇《おうしんけんけん》たりとは、終わりに尤《とが》なきなり。（水山蹇《すいざんけん》）

水山蹇《すいざんけん》の卦《か》は大きな障害によって前進を阻まれる険難《けんなん》の時を表す。

国家の険難を救おうと、王の臣下は名誉や出世、報償など私を考えず、身を粉にするように「蹇蹇《けんけん》」と苦労を重ねる。しかし、実力が及ばず、険難を脱する術《すべ》を持たない。

このように、険難の時は努力しても報われないこともある。それでも、成果を問わず尽力すべきであると教えている。

9日　困《こん》学《がく》

険《けん》にしてもって説《よろこ》ぶ。困《くる》しみてその亨《とお》るところを失わざるは、それ唯《た》だ君子のみか。
（沢水困《たくすいこん》）

困窮の極みの険難《けんなん》にあっても、乗り切った後の悦《よろこ》びを信じてやり通すことのできるのは、君子だけである。

しかし、どんな人でも困難から学ぼうとすれば、苦しみが何を教えているのか会得できるものである。これを「困学《こんがく》」という。

苦しんで学べないのは小人であり、小人のままでは困窮を脱することは難しい。

10日　虎の尾を履《ふ》む

虎の尾を履《ふ》むも人を咥《くら》わず。亨《とお》る。
（天沢履《てんたくり》）

「虎の尾を履《ふ》む」とは極めて危険なことの喩《たと》えだが、出典である天沢履《てんたくり》の辞《じ》には、分外の危険を冒しても虎に食われずに最後まで仕上げることができるとある。

「履」とは草履《ぞうり》の履で、「踏む・履む」という意味がある。何を踏むかというと「礼を履む」のである。

分外の大業を為すという自覚があれば、力のある人（虎）に頭を下げ、謙虚に物事を学ぼうとする。その姿勢を貫けば、困難

11日 黄金の耳

鼎《かなえ》黄耳《こうじ》金鉉《きんげん》あり。

（火風鼎《かふうてい》）

鼎《かなえ》は古代中国では供物《くもつ》を煮炊きする大鍋の祭器であり、国の権威を象徴するものであった。

この鼎には担《かつ》いで運ぶために鉉《つる》を通す耳が付いている。耳が壊れていたら供物を運べない。そのため、鼎の耳は国の権威を保つための要として「王の耳」に喩えられる。

鼎の耳に空いた穴には、賢者の諫言・智恵・明知を表す「金鉉《きんげん》」が貫いているところから、虚心《きょしん》に人の意見を聞く一国のリーダーの耳を「黄金の耳」という。

12日 嚢を括る

嚢《ふくろ》を括《くく》る。咎《とが》もなく誉《ほま》れもなし。

（坤為地《こんいち》）

「嚢《ふくろ》を括《くく》る」とは、袋の口ひもを堅く閉じること。自分の才能を外に出さず、口を堅く閉ざして余計なことをいわなければ、名誉もなく、認められないが、酷《ひど》い咎《とが》めも受けない。多言は禁物というわけである。

「嚢《ふくろ》を括《くく》る」ことは、能力を出せば咎めを受けるような場合に、一時、身を保つ手段となる。長い人生では、世間から無能扱いされても、人知れず為すべきことを為さなくてはならない時もある。

13日　手厚く止まる

艮《とど》まるに敦《あつ》し。吉《きつ》なり。（艮為山《ごんいさん》）

艮為山《ごんいさん》の卦《か》は止まる時の心のあり方を説いている。止まるべき時に手厚く止まる。それは吉であるといっている。

自分の希望が叶《かな》わず、強制的に止まらなくてはならない、あるいは止められるというのは、焦燥感がある。

しかし、自分の器量を知り、自ら止まるのであれば、何も制限を感じずにすむ。そういう姿勢でいれば、止まる時は自由に止まり、動くときであれば自由に動くことができるのである。

14日　美の至り

美その中《うち》にあって、四支《しし》に暢《の》び、事業に発す。美の至りなり。（文言伝《ぶんげんでん》）

謙虚、柔和、柔順、受容の精神が体の内の隅々にまで行き渡るようであれば、徳はその人の行いに表れるのではなく、行う事業に表れる。それは美（徳）の至りであるという。

美徳とは、陰の徳をいう。隠したもの、秘めたものが、光が漏《も》れ出すように外に表れてくる――それが美徳である。

15日　嫁《とつ》ぐ覚悟

帝乙《ていいつ》妹《まい》を帰《とつ》がしむ。その君の袂《そで》は、その娣《てい》の袂《そで》の良きにしかず。月望《ぼう》に幾《ちか》し。吉《きつ》なり。（雷沢帰妹《らいたくきまい》）

「帝乙《ていいつ》」は殷《いん》王朝の天子《てんし》。天子が妹を家臣に降嫁する。その嫁入りの時に、妹は一緒に付いていく副妻よりも格下の着物を着る。

これは身につける着物だけの話ではない。その心を飾らず、驕らず、嫁ぐ家に従うという決意ができていることを示している。

控えめで慢心しない姿勢は満月に程近い月のように美しい。吉である、と易経はいう。

16日　均衡《きんこう》をはかる

君子もって多きを裒《あつ》め寡《すくな》きを益《ま》し、物を称《はか》り施《ほどこ》しを平《たいら》かにす。（地山謙《ちざんけん》）

「謙」は満ちているものを欠けさせ、欠けているところを満たすという意味がある。多いところから集めて少ないところへ益《ま》し、物事の全体を考えて施して均衡《きんこう》をはかる。

たとえば、人が必要とするものが余っていたなら、それを集め、足りないところへ回す。そうすることで、社会や組織は安定し、伸びてゆくのである。

17日 風を観《み》る

風の地上を行くは観《かん》なり。（風地観《ふうちかん》）

観とは、風が地上をあまねく吹き渡ること。風地観《ふうちかん》の卦《か》は時の変化・方向を知り、兆《きざ》しを察する洞察力を説くが、洞察とはいわば風を観《み》ることである。

風は常に流れゆく。目に見えず、耳で聞くこともできないが、体感によってその強さや方向を知ることができる。

時も同じく、目に見えず、耳には聞こえない。しかし、自分の周りのものすべてが、今という時とその方向を示しているのだから、よく観れば見えてくるものである。

18日 時に随《したが》う

晦《ひのくれ》に嚮《むか》えば入りて宴息《えんそく》す。（沢雷随《たくらいずい》）

日が落ちて暗くなった時は家に入って休息せよ、といっている。

時に随《したが》うとは、自然の時に逆らわないこと。勢いが弱くなってきた時に強引に事を進めても阻まれるだけである。

しかし、時に随えば、時を味方にできる。そして、時を味方にできれば、いずれ時を用いることができるようになるのである。

このように、沢雷随《たくらいずい》の卦《か》は時に随うことを教えている。

19日 解散と大団結

その群《むれ》を渙《ち》らす。元吉《げんきつ》なり。渙《ち》るときは丘《あつま》ることあり。夷《つね》の思うところにあらず。

（風水渙《ふうすいかん》）

「群《むれ》」とは自分の仲間、所属団体、私党をいう。「渙《ち》らす」とは、たとえば自ら派閥を解散すること。

国が混乱しているのは、派閥同士が争っているためである。派閥を解散すると孤立無援になると思うが、むしろ解散することで大団結ができる。そして、それは常人の考え及ばないことである、といっている。

「夷《つね》」は常人、普通という意味。

20日 消息盈虚《しょうそくえいきょ》

君子の消息盈虚《しょうそくえいきょ》を尚《たっと》ぶは、天の行《おこない》なればなり。

（山地剥《さんちはく》）

山地剥《さんちはく》の「剥」は剥ぎ落とす、削る。陰の勢いが盛んになり、陽が衰える時で、陥落、崩壊などを意味する。

「消息盈虚《しょうそくえいきょ》」とは、消えてはまた息吹《いぶ》き、満ちてはまた虚しくなること。朝は夜になり、夜はまた朝になるように、陰陽二つの気が入れ代わり立ち代わり変化することをいう。

易は変を尊ぶ。変化がなければ、発展もない。過酷な時代の到来にも、進退を決し、応じていくことが大切である。

21日 一陽来復《いちようらいふく》

その道を反復し、七日にして来復《らいふく》す。

（地雷復《ちらいふく》）

「一陽来復《いちようらいふく》」は冬至の別称《べっしょう》。地雷復《ちらいふく》は冬至を表す卦《か》である。冬至は陰《いん》が極《きわ》まって陽《よう》が復《かえ》ってくる分岐点《ぶんきてん》。そこからこの卦は、回復、復活、復帰の時を説く。

「七日にして来復《らいふく》す」とは、陽の極みであった夏至から数えて七か月、七回の変化をして陽が戻ってくること。

冬至は一年で最も日が短く、冬が極まって頂点に達する時。この日を境に日は伸びて、春へと向かう。冬至は陰の極みであり、極まった瞬間に陽への切り替えが起きる。

しかし、「一陽来復」とはいっても、冬至の後に小寒、大寒があって冬本番の寒さが訪れる。ようやく春の訪れを実感できるのは、立春のころである。

「一陽来復」は易経が教える「兆し」なのである。陰から陽に流れが切り替わったが、切り替わった時点では、その変化は実感できない。

だが、物事には春夏秋冬のような陰陽の道を反復する法則と転換点が必ずある。その法則性を知り、目に見えない兆しを観る目を養おうとするのが易経である。

22日 至日《しじつ》に関《かん》を閉じる

先王《せんのう》もって至日《しじつ》に関《かん》を閉じ、商旅《しょうりょ》行かず、后《きみ》は方《ほう》を省《かえり》みず。
（地雷復《ちらいふく》）

「至日《しじつ》」とは冬至の日。新しい陽気《ようき》が回復する、「一陽来復《いちようらいふく》」の時である。

古代中国では、冬至には関所《せきしょ》を閉じ、商人や旅行者の通行を止めた。また、君主は政《まつりごと》や四方の地の巡行視察を休んで陽気を養った。

冬至は生じたばかりの陽の力を養い育てる再出発の日という意味で、今後の一年を想《おも》う日であったのである。

23日 易経の原理

その名を称《しょう》すること雑《ざつ》なれども越えず。於《ああ》その類を稽《かんが》うるに、それ衰世《すいせい》の意か。
（繋辞下伝《けいじかでん》）

易経はさまざまな事象を表し、雑多な言葉で表現されているが、原理原則の筋道を越えることはない。

そこに禍《わざわい》を憂い、警戒する教えが多いのは、栄えたものは必ず衰え、乱れるという栄枯盛衰《えいこせいすい》の原理を自らの身をもって経験した人が記しているからである。

24日 老いを楽しむ

日昃《かたむ》くの離《り》なり。缶《ほとぎ》を鼓《う》ちて歌わざれば、大耋《だいてつ》の嗟《なげき》あらん。凶なり。（離為火《りいか》）

「日昃《かたむ》くの離《り》なり」とは、一日の終わりに日が西に傾くことをいう。「大耋《だいてつ》」は九十才、百才の大老。人生の終末を日用の酒器（缶《ほとぎ》）を叩いて歌い楽しめないならば、老いを歎くだけになる、という意味になる。

必ず日が傾くように、人間も年をとり、没し、次の生命に役割を受け継いでいく。生あるものは必ず死すという事実を受け入れて、天命の終わりを楽しもう。没したくないと思うのは、時を知らない人である。

25日 一日を精一杯生きる

日《ひ》、中《ちゅう》すればすなわち昃《かたむ》き、月盈《み》つればすなわち食《か》く。天地の盈虚《えいきょ》は、時と消息《しょうそく》す。（雷火豊《らいかほう》）

雷火豊《らいかほう》は豊かな時をいかに保つかを説く卦である。

太陽は中天に上れば、次には必ず西に傾く。月は満ちれば必ず欠ける。満ちるも欠けるも時と共に変化していく。

人も栄枯盛衰を免《まぬが》れないが、憂いてもしかたない。豊かで盛んな勢いを失わないよう、日々できるかぎり努力して、明知・洞察の力を磨き、行動することである。

26日　智《ち》慧《え》

易簡《いかん》にして天下の理《ことわり》得らる。（繫辞上伝《けいじじょうでん》）

易《やさ》しく、簡潔な時の変化の道理を知り、日々に用いることで、天下の理を知り得る。

一日は朝昼晩、一年は春夏秋冬、順序を違えず巡り、人間もまた誕生・成長・成熟を経て衰え、混沌《こんとん》に帰る。

万象《ばんしょう》はこの原理原則に従って変化する。この理法を日々の実践に活かすことで、世の中の複雑な出来事に、単純明快にして簡潔な一本の道筋を見出すことができる。それが天下の理《ことわり》であり、それをつかむ実践を智慧《ちえ》という。

27日　人生という旅

鳥その巣を焚《や》かる。旅人《りょじん》先には笑い、後には号《な》き咷《さけ》ぶ。牛を易《やすき》に喪《うしな》う。凶なり。（火山旅《かざんりょ》）

旅先にいて我が住まいにいるように威張って過ごしたら、人の目につく鳥の巣が焼かれるように、簡単に宿を失ってしまう。牛を見失うように、財産を失ってしまう。

傲慢《ごうまん》な旅人は、初めは笑っていても、後には泣き叫ぶはめになる。旅が長くなっても、借宿《かりやど》住まいという立場を忘れてはならない。人の一生も長い旅のようなもの。傲慢にならないように注意すべきである。

28日 生々流転《せいせいるてん》

否《ひ》終われば傾《かたむ》く、なんぞ長《なが》かるべけんや。（天地否《てんちひ》）

人災によって来る無道の乱世、暗黒の時代である「否」も、ずっと長く続くわけではない。生々流転《せいせいるてん》してひとときも止まらないのが自然の摂理である。良い時もあれば、悪い時もあるように、時は絶えず循環している。

それゆえに、人情の通じない絶望的な状態であっても、状況を打開しようという力が必ず生じ、否の時代は必ず泰平の時代に向かって回復していくのである。

29日 致《ち》を一《いっ》にして慮《りょ》を百《ひゃく》にす

天下帰《き》を同じくして塗《みち》を殊《こと》にし、致《ち》を一《いっ》にして慮《りょ》を百《ひゃく》にす。（繫辞下伝《けいじかでん》）

「塗《みち》」は途、帰途。天下のことは帰するところは同じであるが、人は殊更《ことさら》にそれぞれの道を行き、あれこれと苦慮している。

人の人生も道は幾通りもある。しかし、どんな境遇を経ても至るところは一つであると考えれば、何を思い煩《わずら》うことがあるだろう。

いたずらに思い煩えば、遠回りになり、また道を外し迷ってしまう。自然の成り行きに則した道を進むことが一番である。

30日　未熟さを知る

未済《びせい》は、亨《とお》る。小狐《こぎつね》ほとんど済《わた》らんとして、その尾を濡《ぬ》らす。利《よ》ろしきところなし。

（火水未済《かすいびせい》）

火水未済《かすいびせい》の「未済《びせい》」とは、未《いま》だ川を渡り終えていないということ。つまり未だ何もなしていない、未完成、未熟な時を説く。

そんな未熟さを小狐《こぎつね》が川を渡ることに喩えている。狐はふさふさとした大きい尾を持っているが、水を含むとずっしりと重くなって泳ぐには負担がかかる。

成長した狐は尾を高く上げて川を渡る知恵があるが、小狐は岸までもう少しという所で尾を濡《ぬ》らし、渡り切れない。

未熟者は蛮勇《ばんゆう》をふるって事に臨むが、九分通りまで行ったところであと一歩が成せない。

小狐が失敗するのは、知恵や技術の以前に自分の未熟さを認識できないからである。「未済《びせい》は亨《とお》る」とは、未完成が完成に至ること。これではだめだと未熟さが身に染みた時から、完成への道が開けるのである。

どんなに人生の経験を積んでも、自分の未熟さに気づくことは新たな希望でもある。

31日

未完成に終わる

易経六十四卦《か》は、火水未済《かすいびせい》という未完成の時を説く卦《か》を最終に置いている。

完成を終わりとして満足しては、発展がない。人は、自分が未完成であると気づくと謙虚になり、努力成長しようと思う。

未完成であれば、窮《きわ》まりなく成長し続ける。人は常に新たな志を持ち、どこまでも伸びゆくべきである。

○解説――易経の陰陽概念

以下に『易経』の基礎知識と用語を簡略にご説明したものを置く。読み進めていく中で、疑問が生じた場合にこの解説を開いていただければと思う。

I. 陰陽思想

まず、はじめに陰陽《いんよう》の考え方である。八卦太極図《はっかたいきょくず》(二二八頁)は易の構成図になる。易経では、この世界の大本にあるものを「太極《たいきょく》」としている。陰陽の変化の根源であり、まだ陰にも陽にも分かれていない、混沌としたエネルギーである。始めに太極をおき、そこから生じる事象をわかりやすく考えるために、便宜的に消極を陰、積極を陽として正反対の特徴に分けた。

天が陽で地が陰になる。同様に、一日を昼と夜に分けたとしたら、陽が昼で陰が夜。善と悪を陰陽に便宜的に分けたとしたら、善が陽で悪が陰。正邪しかり、動くと止まるも陰陽に分けたら陽は動く、陰は止まる。強弱も強が陽、弱が陰である。

【陰】地　夜　悪　邪　止　弱　愚　柔　小　月　寒　女　子　母親　−
【陽】天　昼　善　正　動　強　賢　剛　大　日　暑　男　親　息子　＋

陰と陽は実際にはひとつの存在であり、ひとつの物や事象に、陰の面と陽の面がある。たとえば、手を太極として、手の甲を表（陽）とするならば、手の平は裏（陰）。一人の人間ならば、長所（陽）と短所（陰）、また、正（陽）と邪（陰）の両方を持ち合わせているという考え方である。

また陰陽の判断は固定したものではなく、転化する。たとえば、母親と息子の場合、性別としてみた場合は、息子が陽で母親が陰。では親子関係でみた場合はというと、母親が陽で息子が陰になる。

一つのものを強い（陽）か、弱い（陰）かに判断するとしても、視点や状況が変われば陰陽は転化する。

これら対立する陰陽が、対になって作用しあうことですべての変化が生じる。夜があるから昼がある、静（陰）があるから動（陽）がある。季節は冬（陰）から夏（陽）へと向かい、夏（陽）はまた冬（陰）へと向かって、春夏秋冬がめぐる。

陰陽は変化して循環するだけでなく、交ざり合うことで新たなものを生む進化をする。天から太陽の光や雨が大地に降り注ぎ、人間や動植物を育成し、男女が交わって、新しい生命が誕生する。これが『易経』の根底にある陰陽思想である。

Ⅱ．八卦《はっか》と六十四卦《ろくじゅうよんか》

八卦太極図を見ると、まず太極を陰と陽の二つに分け、陽を「⚊」で表し、陰を

「⚋」で表した。これを爻《こう》という。数字でいくと、奇数の一が陽で、偶数の二は陰になる。

しかし、陰と陽だけでは単純すぎるため、陽の中でもより陽が強い「陽の陽」と、やや陰に近い「陽の陰」に分けた。同じく陰のほうも、陰がより強い「陰の陰」と、やや陽に近い「陰の陽」に分けた。

さらに「陽の陽」の中でさらに陽が強い「陽の陽の陽」とやや陰に近い「陽の陽の陰」、「陽の陰」の中でやや陽が強い「陽の陰の陽」とさらに陰が強い「陽の陰の陰」に分け、陰も同様に、「陰の陽の陽」「陰の陽の陰」「陰の陰の陽」「陰の陰の陰」に分けた。

この三本の陰陽の爻であらわされるのが、「当たるも八卦、当たらぬも八卦」といわれる八卦である。本来は卦は「け」ではなく「か」と読む。八卦に名前を振り当てたものが「乾《けん》、兌《だ》、離《り》、震《しん》、巽《そん》、坎《かん》、艮《ごん》、坤《こん》」という卦名であり、八卦のそれぞれの卦のシンボルとして、自然の中から「天《てん》、沢《たく》、火《か》、雷《らい》、風《ふう》、水《すい》、山《さん》、地《ち》」を振り当てた。

乾＝天は剛健、坤＝地は従順などの意味づけがある。

さて、この八種類だけでもある程度、事象の性質はわかるが、それだけでは細かいところまで詳しくはわからない。そこでさらに八卦を二つ重ね合わせ、これが六十四卦になった。この陰陽の爻で組み合わせた六本の爻を卦のかたち、という意味で「卦象」という。

異なる意味づけをもつ八卦を二つ重ねたことで、またそれぞれに異なる意味づけとなり、複雑な事象をあらわすものになった。

六十四卦早見表（二二九頁）で見ると、上卦《じょうか》と下卦《かか》と分かれている。下卦は下の三本の爻、上卦は上にある三本の爻をいう。

乾為天という卦がある。この卦は上卦が乾、下も乾、自然配当は天である。乾為天とは「乾を天と為す」という、そのままの意味である。

乾為天のように上卦と下卦が同じものは兌為沢《だいいたく》、離為火《りいか》、震為雷《しんいらい》他、八種類あり、

「八純《はちじゅん》の卦《か》」といわれる。

この八種類以外の五十六種類の卦は、天・沢・火・雷・風・水・山・地という自然配当の名前が上卦にも下卦にもつく。たとえば、天と沢では「天沢履《てんたくり》」となる。「卦」は、ある時の様相を示している。喜びの時、苦しみの時、安泰の時、争いの時など、六十四種類の時を展開し、人生で遭遇すると思われるあらゆる時とその成り行きを示している。

いってみれば一つの卦は芝居のテーマ、ワンシーン、一つの場面設定のようなものである。それぞれの卦に時の全体像を説く卦辞《かじ》と、その時の成り行きを六段階で説く爻辞《こうじ》が記され、今の時、環境、立場にあって、どうすべきかの対処を示している。

Ⅲ.『易経』の構成

本書は『易経』の辞から抜粋して紹介している。『易経』の書物としての全体構成を述べておく。

『易経』は経《けい》と呼ばれる本文と「伝《でん》」と呼ばれる注釈と解説で構成される。本文は六十四卦を上経《じょうけい》と下経《かけい》に分け、上経は三十卦、下経は三十四卦。「卦」にはその「時」の全体を表す「卦辞」と変化の段階を六段階に分けた「爻辞」が記される。

解説は本文の解釈を十の翼で助けるという意味で「十翼《じゅうよく》」という。「上象伝《じょうたんでん》」、「下象伝《かたんでん》」、「上象伝《じょうしょうでん》」、「下象伝《かしょうでん》」、「繋辞上伝《けいじじょうでん》」、「繋辞下伝《けいじかでん》」、「文言伝《ぶんげんでん》」、「説卦伝《せっかでん》」、「序卦伝《じょかでん》」、「雑卦伝《ざっかでん》」の全部で十伝がある。

●上経・下経（『易経』の本文）

【卦辞】

卦の全体の内容。その「時」の全体像。彖辞《たんじ》ともいう。


【爻辞】

六本の各爻にかかる辞で、その「時」、シチュエーションの六段階の変遷過程。立場、時間的経過、環境、状況の詳細を表す。象辞《しょうじ》ともいう。

●十翼（本文の解説・注釈）

【彖伝】（上・下）

卦辞（彖辞）の解説。六本の爻の組み合わせ、卦象などから卦の意味を解説する。

【象伝】（上・下）

「大象」と「小象」の二つに分けられ、「大象」は卦辞の解説。「象伝」の解説とはやや異なり、地と雷など八卦の組み合わせから、道徳的、政治的な面から君子のあり方を説く。「小象」は、爻辞の解釈で各爻の意味、位置と他の爻との関わりなどを解説。

【繫辞伝】（上・下）

『易経』の概論を哲学として高め、解説したもの。

【文言伝】

六十四卦のうち、純粋な陽と純粋な陰の卦である、乾為天と坤為地にとくに重きをおき、詳細を述べたもの。二卦だけにつけられた解説。

本書では、上経・下経の本文、繋辞伝（上・下）、文言伝から辞を取り上げている。読み下し文には、上経・下経の六十四卦の卦名を記し、繋辞上伝、繋辞下伝、文言伝と記している。読み下し文は抜粋して紹介している。詳しくは、『易経』の専門書をご参考願いたい。

【序卦伝】【説卦伝】【雑卦伝】は占筮に用いることが多く、本書ではこの三伝は取り上げていない。

八卦太極図

八卦	乾《けん》	兌《だ》	離《り》	震《しん》	巽《そん》	坎《かん》	艮《ごん》	坤《こん》
シンボル	天	沢	火	雷	風	水	山	地
性質	健《すこ》やか	悦ぶ	明るい	動く	入る	陥る	止まる	順《したが》う

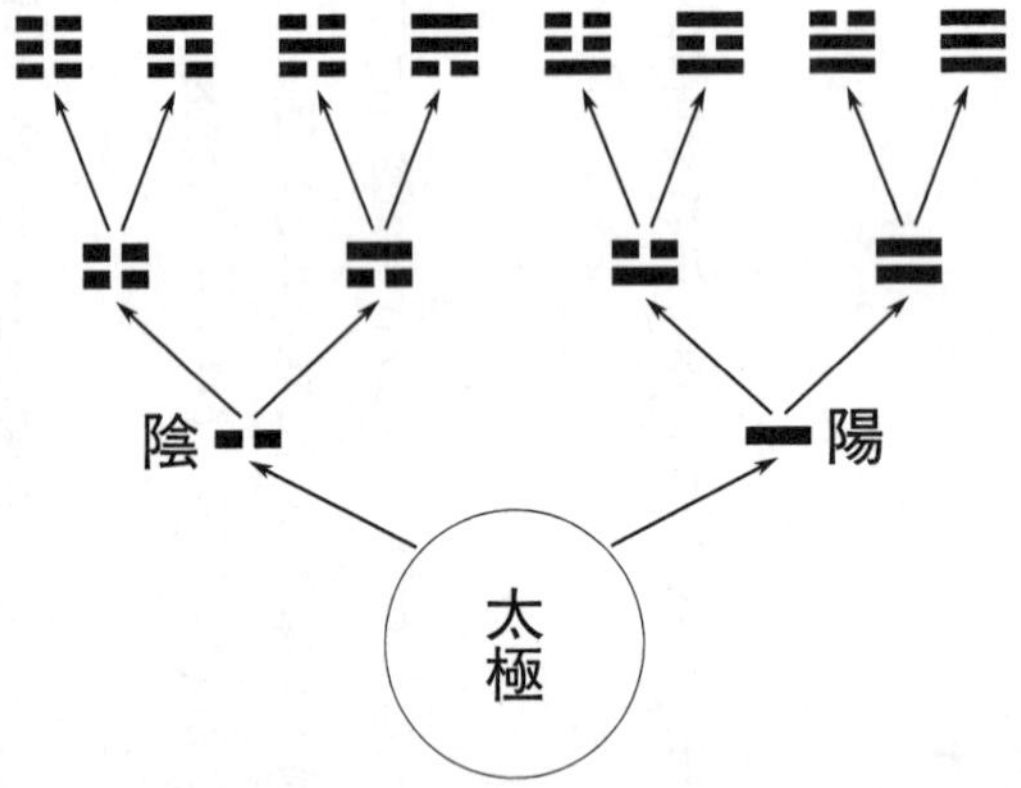

六十四卦早見表

下卦＼上卦	乾☰（天）	兌☱（沢）	離☲（火）	震☳（雷）	巽☴（風）	坎☵（水）	艮☶（山）	坤☷（地）
乾☰（天）	乾為天	沢天夬	火天大有	雷天大壮	風天小畜	水天需	山天大畜	地天泰
兌☱（沢）	天沢履	兌為沢	火沢睽	雷沢帰妹	風沢中孚	水沢節	山沢損	地沢臨
離☲（火）	天火同人	沢火革	離為火	雷火豊	風火家人	水火既済	山火賁	地火明夷
震☳（雷）	天雷无妄	沢雷随	火雷噬嗑	震為雷	風雷益	水雷屯	山雷頤	地雷復
巽☴（風）	天風姤	沢風大過	火風鼎	雷風恒	巽為風	水風井	山風蠱	地風升
坎☵（水）	天水訟	沢水困	火水未済	雷水解	風水渙	坎為水	山水蒙	地水師
艮☶（山）	天山遯	沢山咸	火山旅	雷山小過	風山漸	水山蹇	艮為山	地山謙
坤☷（地）	天地否	沢地萃	火地晋	雷地予	風地観	水地比	山地剝	坤為地

【索　引】

◇上　経

■乾為天

索　引

索　引

◇主な参考資料

『易経』丸山松幸・訳／徳間書店
『易』本田済／朝日新聞社
『易経講座』（全四巻）本田済／明徳出版社
『易経』（上・下）高田真治・後藤基巳・訳／岩波書店（岩波文庫）
『高島易断』（元亨利貞全四巻）高島嘉右衛門／熊田活版所
『易経講話』（全五巻）公田連太郎／明徳出版社
『荘子』第一冊（内篇）金谷治・訳注／岩波書店（岩波文庫）
『荘子』新訂中国古典選（外篇・雑篇）福永光司／朝日新聞社
『老子』新訂中国古典選　福永光司／朝日新聞社
『論語』金谷治・訳注／岩波書店（岩波文庫）
『菜根譚』洪自誠・著／中村璋八・石川力山・訳注／講談社
『百朝集』安岡正篤／関西師友協会
『大学・中庸』（中国古典選 六）島田虔次・訳注／朝日新聞社
『「大学」を素読する』伊與田覺／致知出版社
『「人に長たる者」の人間学』伊與田覺／致知出版社
『実践コンプライアンス講座　これって違法ですか？』
中島茂・秋山進／日本経済新聞社
『字統』白川静／平凡社
『漢字辞典』藤堂明保／小学館
『新明解国語辞典』金田一京助・他／三省堂
『正法眼蔵』水野弥穂子・校注／岩波書店（岩波文庫）
『風姿花伝』世阿弥・著／野上豊一郎・西尾実・校訂／岩波書店（岩波文庫）
『カタカムナ』楢崎皐月／考古理学研究会
『リーダーの易経』竹村亞希子／ＰＨＰ研究所
『人生に生かす易経』竹村亞希子／致知出版社

装　　幀――川上　成夫
編集協力――柏木　孝之

〈編者略歴〉
竹村亞希子（たけむら・あきこ）
愛知県生まれ。中国古典『易経』を分かりやすく解説する一方、企業経営者や経営幹部に『易経』に基づくアドバイスを行っており、その実績から多くの厚い信頼を得ている。講演活動の一方で、NHK 文化センター『易経』講師を務める。著書に『人生に生かす易経』『経営に生かす易経』（共に致知出版社）、日経オーディオブック『江守徹の朗読で楽しむ易経入門』シリーズなどがある。

「易経」一日一言

――人生の大則を知る――

平成二十一年二月二十五日第一刷発行
令和三年八月三十日第四刷発行

編　者　竹村亞希子
発行者　藤尾　秀昭
発行所　致知出版社
〒150-0001東京都渋谷区神宮前四の二十四の九
TEL（〇三）三七九六―二一一一
印刷　㈱ディグ　製本　難波製本
落丁・乱丁はお取替え致します。（検印廃止）

ISBN978-4-88474-840-1 C0095
ホームページ　https://www.chichi.co.jp
Eメール　books@chichi.co.jp